스포츠 마케팅

×

광고주에게 팔리는 제안서

노창기 지음

스포츠 스폰서십 판매자가 아닌
구매자의 입장에서 바라본 스폰서십 제안 가이드

박영사

들어가기에 앞서…

"과장님, 잘 지내시죠? 오랜만에 연락 드립니다. 미국 메이저리그 뉴욕 양키스 후원 건이 있어 제안 드리고자 연락 드립니다. 첨부와 같이 제안서 보내 드리니, 시간 되실 때 한 번 검토 부탁드리겠습니다."

나는 브랜드(기업)의 마케팅 담당자로서 하루에도 1~3건씩 이렇게 시작하는 이메일을 받는데, 그 안에는 대부분 후원 받는 단체의 전반적인 홍보 자료 1부와 후원에 대한 권리 사항 1부 정도가 포함되어 있다.

이 중에 내가 꼼꼼하게 검토해 보거나 더 나아가 내부적으로 보고에 이르는 건은 몇 건이나 될까? 안타깝게도 스포츠 마케팅 이외에도 다양한 마케팅 업무를 맡고 있는 내가 꼼꼼하게 검토할 수 있는 건은 1주일에 1개, 그리고 내부적으로 보고에까지 이르는 건은 분기별로 1건 정도에 불과하다. 하루 평균 1개를 한 달에 20일만 받는다고 가정해도 보고까지 이르는 건은 2%가 안 된다.

그러면 어떤 제안서가 매력적이고, 그런 매력적인 제안을 만들어내기 위해서는 어떻게 해야 할까? 저자는 지난 7년 여간 브랜드의 스포츠 마케팅 매니저로 근무하면서 국내 및 해외 축구, 야구, 농구, 배구, 골프, 테니스, 사이클링, 럭비, 미식축구, 스키점프, 스피드스케이팅, 아이스하키, e스포츠, 및 모터스포츠 등 수많은 스폰서십을 검토하고 후원해 왔다. 이러한 경험을 바탕으로 브랜드에게 매력적인 제안서, 즉 광고주에게 잘 팔리는 제안서에 꼭 필요한 사항들에 대해 제안서를 실제로 검토하는 실무자 입장에서 다뤄 보았다.

오늘날 대부분의 스포츠 마케팅 서적들이 스포츠 마케팅 전공자들을 대상으로 스포츠 마케팅을 업으로 삼기 위해서 어떤 공부를 해야 하는지, 스포츠 마케팅의 분야는 무엇이 있는지, 스포츠 트렌드는 어떤지 등에 대해서는 다루고 있지만 스포츠 마케팅을 움직이는 가장 큰 힘 중의 하나인 스폰서십 판매에 대해 구매자의 입장에서 전략적인 접근을 다루고 있는 경우는 많지 않다.

물론 스폰서십의 판매에는 제안서 이외에도 다양한 변수들이 많이 있기 때문에 제안서 하나로만 최종 판매에까지 이르기는 쉽지 않을 수 있으며, 이 책에서 제시하는 바가 결코 쉬운 제안의 방법은 아니다. 그럼에도 불구하고 저자가 말하는 이러한 방법은 제안의 성공률을 높이는 동시에 스폰서십 세일즈맨과 브랜드 담당자 간의 신뢰를 구축하여 장기적으로 서로 윈윈하는 전략임에는 틀림없다.

이 책을 통해 스포츠 마케팅 분야 취직을 준비하는 취업준비생들은 물론, 현업에서 스포츠 마케팅 세일즈를 하고 계시는 많은 분들이 효과적이면서 효율적인 제안으로 세일즈 성공률을 높일 수 있기를 기대해본다.

"잘 나온 사진에 좋은 정보만 담겨 있는 제안서는 필요없다. 읽는 사람이 제대로 이해하고 분석할 수 있는 제안서만이 실제 후원을 이끌어 낼 수 있다."

들어가기에 앞서…

여기서 잠깐! 이 책에서 같거나 비슷한 의미로 자주 사용되는 용어를
먼저 알아보자.

1. 스폰서 = 후원사 = 기업 = 파트너 = (기업 의미로서의) 브랜드*
   스포츠 후원 권리를 구매하여 마케팅에 활용하는 기업이나 브랜드
   * 브랜드는 후원 기업의 의미와는 별도로 기업의 로고나 이미지 등을 뜻하는 것으
   로 사용되기도 하였다.

2. 원천 권리 소유자 = 프로퍼티 홀더
   스포츠 리그, 연맹, 대회, 팀, 선수와 같이 판매할 후원 권리를 보유한 단체나 선수

3. 스포츠 마케팅 에이전시 = 스포츠 마케팅 대행사
   원천 권리 소유자를 대신해 스폰서십의 판매를 중개하거나, 스폰서를 대신해 스
   폰서십의 구매 및 운영을 대행하는 회사

4. 스폰서십 = 파트너십
   기업의 스포츠 단체나 선수에 대한 후원

추천의 글

우리나라 스포츠 시장은 국내 선수들의 스포츠 선진국 진출이 활발해지고 해외 유수 코치진들의 국내 스포츠 팀에 영입됨에 따라 선수들의 경기력 측면에서는 많이 향상되었으나, 대회나 경기를 운영하고 참가하면서 수익을 내고 활성화시키는 스포츠 산업적인 측면에서는 여전히 개선의 여지가 많아 보인다. 특히나 국내 스포츠 마케팅 시장은 후원사 의존도가 높아 스포츠 마케터는 스폰서에 대한 이해가 필수인데, 이러한 면에서 이 책은 국내 스포츠 마케팅 시장의 단비같은 존재라고 할 수 있다.

기존의 스포츠 마케팅 서적들이 스포츠 마케팅의 이론과 이를 설명하기 위한 사례에 집중하고 있는 반면, 저자는 이 책을 통해 스포츠 스폰서십을 구매하는 실무자 입장에서 담당자가 처해 있는 상황, 실무에 필요한 제안서의 작성 방법, 그리고 효과적인 제안의 요령에 대해 기술하고 있다. 여기서 한 가지 의미있는 부분은 저자가 다양한 경험을 바탕으로 효과적인 제안을 하기 위한 저자 나름대로의 분석 툴을 제공하고 있다는 점이다. 우리가 주변에서 쉽게 접할 수 있는 마케팅 관련 이론들에 대해 알기 쉽게 설명하면서도 여기에서 한 걸음 더 나아가 실무에서 필요한 내용을 상황에 맞게 창조적으로 재구성하였다.

나는 20년이 넘는 기간 동안 세계 유수의 기업에서 스포츠 마케팅을 포함한 다양한 마케팅 활동을 하며 수많은 제안서들을 검토하였는데, 무엇인가 새로운 것을 제안하기 보다 기존에 있는 것을 판매하는 스포츠 마케팅 제안서의 경우 다른 광고 제안서에 비해 광고주 입장에서 내부적으로 추가적인 보완이 필요한 경우를 많이 경험했다. 저자는 이러한 점에서 다른 광고와 스포츠 스폰서십의 차이에 대해서 명확히 인지하였으며, 이러한 차이에서 기인하는 부족한 부분에 대해 실질적인 해결책을 담아내고자 노력했다. 이점을 개인적으로 높이 평가하고 싶다.

이 책을 계기로 국내 스포츠 스폰서십 시장이 조금 더 활발해지기를 기대하며, 더 나아가 스포츠 산업 전반이 더욱 활성화되기를 기대해본다.

넥센타이어 브랜드커뮤니케이션팀 손상현 팀장

서 평

국내 스포츠와 관련된 다양한 직무를 소개하고 채용 일정 등을 안내하는 스포츠잡알리오를 운영하며 업계 많은 분들의 인터뷰 및 강의를 통해 책에서는 얻기 힘든 다양한 실무적인 이야기에 대해 소개할 수 있었다. 스포츠를 지원하고 규제하는 정부 기관부터, 운영하는 협회, 리그, 팀까지 스포츠 산업 현장 여러 분야의 세세한 부분까지 다양한 시각에서 볼 수 있는 기회였다.

나는 맨시티 파트너십 매니저에 대해 알아보는 인터뷰를 통해 저자를 처음 알게 되었다. 비 스포츠 전공자로서 글로벌로 가장 발달된 스포츠 리그의 파트너십을 운영하는 저자에 대한 인터뷰는 스포츠 마케팅에 대한 이해의 폭을 조금 더 넓힐 수 있는 기회가 되었다.

이후 저자의 "스포츠 마케팅, 광고주에게 팔리는 제안서"를 주제로 한 특강에서 저자를 다시 만났고, 실제로 스폰서십을 구매하는 담당자 입장에서 필요한 제안서 및 제안 방식을 접한 수강생들의 반응은 매우 뜨거웠다. 제안서를 만드는 방법뿐만 아니라 제안서를 검토하고 있는 담당자가 처해 있는 상황 및 담당자에게 접근하는 요령까지 현장의 이야기를 구체적으로 전달함으로써 실제 스폰서십 세일즈에 있어서 많은 도움이 되는 내용이었다.

이 책은 이러한 강의를 바탕으로 더욱 많은 내용을 풍성하게 다루고 있다는 점에서 스포츠 마케팅 분야에서 종사하고 있는 실무자 및 스포츠 스폰서십 세일즈맨을 지망하는 많은 꿈나무들에게 큰 가이드로서 역할을 할 것이며, 현장에서 스폰서십을 운영하고 있는 기업의 담당자에게도 도움이 될 것이다.

　이 책을 계기로 스포츠 마케팅 분야에 종사하고자 희망하는 꿈나무들이 조금 더 넓은 시각으로 스포츠 마케팅 업무를 바라볼 수 있게 되기를 바란다.

스포츠잡알리오 김선홍 대표

목 차

03. 광고주가 기대하는 제안서의 구성

04. 에너지 낭비를 줄이는 제안의 요령

05. 부 록

기업이 하는 마케팅 커뮤니케이션 활동에는 무엇이 있을까?
기업은 다른 광고 대비 왜 스포츠 마케팅을 할까?
기업은 스포츠 마케팅을 어떻게 활용할까?
기업은 어떤 기준으로 스포츠 스폰서십을 평가할까?
기업은 스포츠 마케팅에 얼마나 돈을 쓸까?

01
기업에 대한 이해

기업이 하는 마케팅 커뮤니케이션 활동에는 무엇이 있을까?

광고주에게 팔리는 제안서를 만들기 위해서는 제안서를 구매하는 주체인 기업에 대한 이해가 필수다. 그 중에서도 특히 스포츠 마케팅을 활용하는 마케팅 조직과 마케팅 담당자에 대한 이해는 그 무엇보다도 중요하다고 할 수 있다. 기업이 하는 마케팅 커뮤니케이션 활동에는 무엇이 있을까?

기업의 마케팅 커뮤니케이션 활동을 설명하기에 앞서 기업에서 주로 사용하는 표현인 '마케팅'과 '마케팅 커뮤니케이션'의 차이에 대해서 간략히 알아보자.

통상적으로 기업(브랜드)에서 의미하는 "마케팅"은 "타깃으로 하는 시장 및 고객에 대한 이해를 바탕으로 상품 및 서비스를 효과적으로 판매하는 활동"으로 '고객에게 맞는 상품과 서비스를 판매하는 활동'에 방점이 찍혀 있는 활동이라고 할 수 있다. '판매를 하는 활동'이라니 언뜻 보면 영업과 비슷하게 느껴지기도 하는데 실제로 산업 현장에서는 영업과 마케팅이 많이 혼용되고 있다. 하지만 좀 더 구체적으로 살펴본다면, 영업은 직접적으로 판매를 하는 행위에 집중하는 표현인 반면, 마케팅은 판매가 잘 되게 만드는 전반적인 활동으로 마케팅이 영업보다 조금 더 포괄적인 개념으로 볼 수 있다.

"마케팅이 영업이라니, 마케팅은 광고 아니었어?"

이쯤에서 이런 질문을 하는 독자가 있을 수 있는데, 마케팅은 광고보다는 영업에 가까운 활동이 맞다. 저자도 어린 시절에 이런 것들을 잘 몰랐던 상태에서 마케팅 직군으로 입사했다가 3년 동안 매출을 챙기는 영업 업무를 했고, 이후에 해당 팀은 영업팀으로 팀 명을 바꾸는 해프닝도 있었다.

그렇다면 광고나 홍보를 하는 직무는 뭐라고 부를까?

정답은 '마케팅 커뮤니케이션'이다. 앞에서 말한 것처럼 마케팅이 제품을 어떻게 판매할지에 대해 전략을 수립하고 실행해 나가는 업무인 반면에, 마케팅 커뮤니케이션, 줄여서 '마컴'은 마케팅 활동의 일부로서 제품과 서비스를 효과적으로 알리는 활동을 의미한다. 마케팅 믹스의 4P(Product, Price,

마케팅 vs. 마케팅 커뮤니케이션

마케팅	마케팅 커뮤니케이션
제품과 상품을 "어떻게 판매할지" 전략을 수립하고 실행해 나가는 업무	**"마케팅 활동의 일부"**로서 제품과 상품의 판매를 돕기 위해 브랜드와 제/상품을 효과적/효율적으로 **"알리는 활동"**
• 관련 키워드 – SWOT* 분석 – STP* 전략 – 마케팅믹스(4P)	• 관련 키워드 – ATL/BTL – 광고/홍보* – IMC*

* 9쪽의 마케팅 및 마케팅 커뮤니케이션 키워드 정리 참조

Place, Promotion) 중 프로모션과 관련된 활동을 마케팅 커뮤니케이션이라고 볼 수 있다.

> ## 마케팅 믹스(Marketing Mix)란?
>
> 마케팅 믹스는 새로운 제품이나 서비스를 시장에 성공적으로 안착시키기 위해 쓰이는 마케팅 의사 결정 프레임워크 중에 하나로 1960년 제롬 맥카시(Jerome E. McCarthy) 교수의 저서 「Basic Marketing - A Managerial Approach」에서 처음 소개되었는데, 목표 시장에 성공적인 마케팅 전술을 수립하기 위해 빠짐없이 등장하는 툴로 경영자가 통제 가능한 제품과 제품의 가격, 유통 채널, 그리고 프로모션의 적절한 활용에 대해 강조하고 있다. 여기서 마케팅 믹스를 구성하는 네 가지 요소인 4P는 제품을 상징하는 P(Product), 가격을 상징하는 P(Price), 유통 채널을 상징하는 P(Place), 촉진 활동을 상징하는 P(Promotion)를 나타낸다.

스포츠 마케팅은 이러한 마케팅 커뮤니케이션 활동의 일환으로, 우리가 공략해야 할 기업의 마케팅 담당자는 앞에서 말한 마케팅보다는 마케팅 커뮤니케이션 조직에 있는 사람이다. 그들이 기업의 마케팅 커뮤니케이션 조직에서 어떤 일을 하고 있는지, 담당자가 처한 상황은 어떠한지를 먼저 이해하는 것은 성공적인 제안을 위한 첫걸음이라고 할 수 있다. 기업의 내부에 스포츠 마케팅 전문 조직이 있어서 스포츠 마케팅에 대한 이해도와 집중도가 높은 마케터들만 상대할 수 있다면 좋겠지만 대부분의 기업이 처한 상황은 그렇지 못하기 때문에 마케팅 커뮤니케이션 업무 전반에 대한 이해가 필요하다.

그럼 이제부터 본격적으로 마케팅 커뮤니케이션 업무에는 무엇이 있는지 알아보자.

기업이 하는 마케팅 커뮤니케이션 활동

Through The Line(TTL)	
Above The Line(ATL)	Below The Line(BTL)

• 타기팅이 되지 않은 대중을 상대로 하는
  커뮤니케이션 활동(과거)
• 대체로 일방향 커뮤니케이션
• 인지도를 높이기 위해 주로 활용
• 주로 전통적 4대 매체
  - TV 광고
  - 라디오 광고
  - 신문 광고
  - 잡지 광고
	• 좀 더 구체적인 타깃을 대상으로 하는
	  커뮤니케이션 활동
	• 대체로 양방향 커뮤니케이션
	• 친숙도를 높이기 위해 주로 활용
	• 전통적 4대 매체 이외 모든 것
	  - 옥외 광고
	  - 디지털 광고 및 소셜 미디어
	  - 스포츠 마케팅 및 이벤트
	  - 매장 내 광고 및 판촉
	  - 홍보 활동

마케팅 커뮤니케이션 업무를 정의하는 데는 다양한 분류 방법이 있고, 타기팅 기술의 발전과 디지털 마케팅의 급부상 등 시간의 흐름에 따라 분류 방법이 조금씩 달라지면서 그 경계도 모호해지고 있지만 전통적으로 많이 쓰이는 ATL(에이티엘)과 BTL(비티엘)로 구분하더라도 여기서 다루고자 하는 마케팅 업무를 이해하는 데에는 크게 무리가 없을 것 같아 그 기준으로 살펴보고자 한다.

먼저, ATL을 나타내는 Above The Line과 BTL을 나타내는 Below The Line은 어떻게 구분될까? ATL과 BTL에서 사용되는 Line의 의미는 조금 특이한데, 광고대행사가 광고주의 광고 집행을 대행함에 있어서 매체 구매 대행에 대한 수수료를 매체사로부터 받는지 광고주로부터 받는지를 가지고 ATL이냐 BTL이냐로 구분한다. 광고대행사가 매체사로부터 매체 구매에 대한 수수료를 받으면 ATL, 광고주로부터 받으면 BTL이라고 부른다.

예를 들어, 광고주 A가 광고대행사인 B를 통해 C 방송국에 TV 광고를 한다고 했을 때, 광고대행사인 B는 방송국인 C로부터 광고주 A가 C에 집행

ATL 광고 수수료 체계의 예

한 광고 집행 금액의 일부를 수수료로 가지고 간다. 여기서 A가 C에 광고 송출에 대한 대가로 지불한 금액이 매체 구매 금액이며, 광고대행사 B는 광고 대행에 대한 대가로 C로부터 매체 집행 수수료를 받는데, 이렇게 광고대행사가 광고주의 매체 광고분에 대한 수수료를 매체사인 C로부터 받았기 때문에 TV 광고는 ATL로 구분된다.

BTL의 경우는 대체로 광고주가 광고대행사의 매체 구매 비용이나 광고 활동 실비에 대한 수수료를 전체 광고비에 포함하여 위탁 수수료의 형태로 광고대행사에 지급하지만, 계약 관계에 따라서는 광고주가 매체사에 광고 비를 지급하고 이에 대한 광고 대행 수수료를 매체사가 광고대행사에 역으로 지급하는 경우도 있기는 하다.

전통적으로 ATL의 광고 영역에 속하는 것이 TV 광고, 라디오 광고, 신문 광고, 잡지 광고이기 때문에, 이를 제외한 나머지 커뮤니케이션 활동을 모두 BTL이라고 봐도 무방하며, 옥외 광고, 디지털 광고, 스포츠 마케팅, 이벤트 등이 대표적인 BTL 광고라고 할 수 있다.

수수료에 대한 구분 이외에도 ATL과 BTL의 차이를 조금 더 살펴보자면, ATL의 경우 상대적으로 넓은 커버리지의 고객을 타깃으로 하는 커뮤니케이션 활동이 주를 이루고, 대체로 일방향 커뮤니케이션이 많은 편이다. 그렇기 때문에 소비자의 인지도를 높이기 위한 수단으로 많이 활용된다. 한편, BTL은 좀 더 세분화된 타깃을 대상으로 하는 커뮤니케이션 활동으로,

스포츠 마케팅, 광고주에게 팔리는 제안서

대체로 양방향으로 이루어진다. 소비자의 소리, 흔히 VOC(Voice of Customer)라고 불리는 고객의 소리가 거의 실시간으로 확인 가능한 활동이 주를 이루고, 그렇기 때문에 고객의 친숙도와 선호도를 높이기 위해 많이 활용된다.

기업의 마케팅 커뮤니케이션 담당자는 기업 마케팅 활동의 목적에 따라 이 중 한 가지를 쓰기도 하며, 필요 시 다양한 활동을 조합으로 운영하기도 한다. 최근 ATL과 BTL을 종합적으로 활용하는 마컴 활동을 Through The Line이라고 해서 TTL(티티엘)이라고 부르기도 하고 통합 마케팅 커뮤니케이션 활동이라고 하여 Integrated Marketing Communication, IMC(아이엠씨)라고 부르기도 하는데, 어느 단편적인 활동만으로는 마컴 활동의 목적을 이루는 것이 제한적이라고 하여 도입된 개념으로 총체적인 관점에서의 마케팅 커뮤니케이션 활동으로 이해하면 좋을 것 같다.

이렇듯 기업의 마케팅 커뮤니케이션 담당자는 스포츠 마케팅 이외에도 여러 가지 마케팅 업무를 수행하고 있으며, 우리의 과제는 이 여러 가지 마케팅 커뮤니케이션 수단 중에서 스포츠 마케팅을 그들의 마케팅 도구로 활용하게 만드는 것이다.

마케팅 및 마케팅 커뮤니케이션 키워드 정리

SWOT(스왓) 분석이란?
미국의 경영 컨설턴트인 험프리(Humphrey, A.)가 고안한 기법으로 기업 내외의 환경을 분석하여 마케팅 전략을 수립하는 것이다. SWOT은 각각 강점(Strength), 약점(Weakness), 기회(Opportunity), 위협(Threat)을 뜻하는 것으로 기업의 강점과 약점을 분석해 기업 자체의 역량을 살펴보고, 기업 외부의 기회 요소와 위협 요소를 분석해 기업이 나아갈 방향을 모색한다.

STP(에스티피) 전략이란?
STP는 기업의 마케팅 실무에서 자주 사용하는 마케팅 전략 수립 기법으로, 각각 시장세분화(Segmentation), 목표시장설정(Targeting), 위치선정(Positioning)을 의미한다. 제한된 자원을 효율적으로 사용하기 위해 시장을 세분화하여 목표 시장 설정 후, 시장 내 정확한 위치에 기업을 포지셔닝 시키는 것을 말한다.

광고와 홍보의 차이는?

광고와 홍보는 무엇인가를 알리는 활동이라는 점에서 공통점이 있으나, 광고는 비용을 지불하고 알리는 활동인 반면, 홍보는 비용을 지불하지 않고 알리는 활동이다. TV 광고는 기업에서 매체사에 비용을 지불하여 자신을 알리는 대표적인 광고 활동이며, 언론에 보도자료를 배포하는 것은 매체사에 비용을 지불하지 않고 자신을 알리는 대표적인 홍보 활동이다.

IMC(아이엠씨)란?

통합 마케팅 커뮤니케이션(Integrated Marketing Communication)의 약자인 IMC는 강력하고 통일된 브랜드 이미지를 구축하여 소비자를 구매 행동으로 이끌기 위해 도입된 개념으로, 광고, 홍보, 판매촉진 등 다양한 마케팅 커뮤니케이션 수단들의 전략적인 역할을 파악하고 적절하게 활용하여 최고의 커뮤니케이션 효과를 이끌어내는 활동이다.

기업은 다른 광고 대비 왜 스포츠 마케팅을 할까?

앞에서 살펴본 것처럼 기업의 마케팅 커뮤니케이션 담당자는 기업의 마케팅 목적에 맞춰 다양한 광고 수단에 대해 고민하고 그 목적에 맞게 각각의 활동을 적절하게 섞어서 활용하게 되는데, 가용한 자원이나 예산의 부족 등 여러 가지 이유로 필요한 모든 수단을 활용하지는 못하고 이중 몇 가지를 선택하여 운영을 하는 경우가 많다.

그렇다면 스포츠 마케팅은 어떠한 점에서 다른 광고와 가장 큰 차이가 있을까? 어떠한 점에서 조금 더 유리하고 어떠한 점에서는 다소 불리할까? 이것에 대한 명확한 이해는 우리가 기업의 광고 담당자에게 무엇을 어필(Appeal, 호소)할지를 결정하는 핵심이 되므로 꼼꼼히 살펴보도록 하자.

스포츠 마케팅이 다른 광고와 대비해 가지는 가장 큰 차이점은 후원 대상이 되는 스포츠 자체가 콘텐츠와 매체로서 두 가지 역할을 모두 한다는 점이다. 보통 광고를 진행한다고 하면 콘텐츠를 제작해서 매체에 싣는 활동을 말하는데, 스포츠 마케팅을 제외한 다른 대부분의 마케팅은 해당 목적에 맞는 광고 콘텐츠를 광고주가 직접 제작해서 타깃으로 하는 고객이 가장 많이 소비하는 매체를 구매하여 집행하는 절차를 거친다. 하지만 스포츠 마케팅의 경우 스포츠 경기 자체가 콘텐츠가 되며, 경기 중에 브랜드의 로고가 노출되는 과정을 통해서 자연스럽게 매체를 집행한 것과 같은 결과가 된다.

"일반광고 vs. 스포츠 경기 중계"의 브랜드 노출 형태 차이

일반 광고		스포츠 경기 중계	
콘텐츠	매체	콘텐츠	매체
제품 및 서비스의 소구점 위주로 광고주가 제작한 광고	광고 대상에 맞춰 광고주가 직접 선택한 채널	스포츠 경기 자체 및 중계 방송상 로고 노출	중계 방송, 언론 보도

물론 스포츠 스폰서십을 진행하면서도 선수나 구단의 지적 재산권(사진, 동영상, 로고 등을 말함)을 활용하여 별도의 광고 콘텐츠를 제작할 수도 있으나, 한 번의 구매 행위로 콘텐츠와 매체 두 가지 활용 목적을 모두 달성하는 것은 스포츠 마케팅이 가지는 가장 큰 특징이라고 할 수 있다.

이러한 특성에서 기인하여 스포츠 스폰서십이 다른 광고에 비해 가지는 장점과 단점이 생기게 되는데, 크게 세 가지 측면에서 다음과 같은 장점을 가진다고 할 수 있다.

첫째, 인지적인 측면에서 별도로 매체 광고를 집행하는 노력이 없이도 지속적인 노출을 통해 기업의 인지도를 높일 수 있다. 경기장 LED 광고나 선수 유니폼 광고를 진행하는 경우 스포츠 경기가 진행됨에 따라 후원사의 로고는 다양한 형태로 노출이 되는데, 먼저, 경기가 진행되면서 경기 중계 방송에 노출되며, 각 경기가 끝날 때마다 각종 신문 기사에 실린 사진에 노출이 되고, 경기 관련 리그, 구단, 및 팬들의 소셜 미디어 포스팅을 통해서도 노출이 된다. 이와 더불어 유니폼 상에 로고를 노출하는 경우에는 유니폼을 판매하는 오프라인이나 온라인 스토어에서 로고 노출이 이루어지며, 유니폼의 판매 후에는 옷을 입고 다니는 팬들에 의해 후원사의 로고가 추가적으로 노출이 된다.

스폰서십의 비용과 중계 방송의 노출 정도에 따라 다르겠지만 브랜드의

스포츠 마케팅, 광고주에게 팔리는 제안서

기업이 다른 광고 대비 스포츠 마케팅을 하는 이유

	스포츠 마케팅	다른 광고
특징	• 후원 대상이 되는 스포츠 자체가 콘텐츠이자 매체가 됨 • IP 권리를 활용하여 별도의 콘텐츠 제작 및 매체 집행도 가능	• 마케팅 활동의 목적에 맞춰 제품/서비스/CSR 등 다양한 콘텐츠 제작 및 그에 맞는 매체 집행
장점	• 별도의 콘텐츠 제작 없이 지속적 브랜드 노출 가능 (경기 중계, 언론 보도, 스포츠 단체 자체 콘텐츠 발행 등) • 후원하고 있는 스포츠 이미지 레버리지 가능 • 후원하고 있는 스포츠 팬층 브랜드 흡수	• 브랜드 자체의 스토리텔링 가능 • 목적에 맞는 타기팅 용이성 • 높은 컨트롤 파워 • 장기적 자산 축적 가능
단점	• 브랜드 자체 이미지 생성 제약 • 콘텐츠 다양성 제약 • 낮은 컨트롤 파워 • 후원 중단 시 활용 불가	• 지속적 노출 확보를 위한 상대적 고비용 • 단기적 이미지 형성 제약

인지도 제고를 위해 콘텐츠 제작과 매체 선정에 많은 시간, 노력, 그리고 비용을 들여야 하는 다른 광고에 대비하여 스포츠 마케팅의 브랜드 인지도 제고 효율성은 상당히 높다고 할 수 있다. 단편적인 이야기로 넥센타이어는 2010년부터 2018년까지 넥센 히어로즈 야구단을 후원하면서 국내에서의 인지도를 극적으로 끌어올릴 수 있었다.

둘째, 이미지적인 측면에서는 후원하는 스포츠 종목이나 팀의 이미지를 기업의 이미지로 전이시킬 수 있다. 예를 들어, 대중에게 활기찬 이미지를 주기 위해서는 시청 인구가 다양하고 많은 축구라는 종목을 후원하고, 소득 상위 계층에 고급스러운 이미지를 주고 싶다면 골프라는 종목을 후원하는 방식으로 해당 스포츠 종목이나 팀의 이미지를 후원하는 기업에 전이 시킬 수 있다.

셋째, 브랜드에 대한 선호도의 측면에서는 해당 스포츠나 팀의 팬을 브랜드로 어느 정도 끌고 올 수 있다는 점에서 기업의 선호도를 올리는 데 스포츠 마케팅이 기여한다고 할 수 있다. 일반적인 기업은 해당 기업의 추종자를 만드는 것이 쉬운 일이 아니다. 애플, 레드불, 코카콜라 같이 소비재 분야에서 고객을 기업의 팬으로 만드는 경우가 간혹 있으나 고객이 즐길 만한 거리를 제공하는 것이 주업이 아닌 이상 고객을 팬으로 만드는 것은 하늘의 별 따기 만큼이나 가능성이 소원해 보이는데, 스포츠 마케팅을 통해서 어느 정도 해당 스포츠의 추종자를 그 후원 기업의 팬으로 흡수해 올 수 있다.

하지만 이러한 장점이 있음에도 스포츠 자체가 특정 기업의 제품이나 서비스를 알리는 플랫폼이 아니기 때문에 가지는 여러 가지 제약 사항이 있다. 크게 보면 아래 네 가지 면에서 다른 광고 대비 부족한 부분이 있다고 볼 수 있다.

첫째, 후원하는 브랜드 자체의 이미지를 형성하는 데 제약이 따른다. 아무래도 기업 자체의 제품이나 서비스 또는 브랜드 자체를 알리는 콘텐츠를 직접 제작한다기 보다는 후원하고 있는 스포츠 종목, 대회, 팀, 또는 선수를 활용한 콘텐츠를 제작하다 보니 기업의 색깔을 녹여 내기가 쉽지 않다. 그래서 스포츠 후원 활동으로 기업 전체의 이미지를 녹여낸다기 보다는 기업이 형성하고자 하는 여러 가지 이미지 중 스폰서십을 통해 가장 잘 나타낼 수 있는 이미지를 강조하여 표현하고 있으며, 때론 강조하고자 하는 이미지에 맞는 스폰서십을 발굴하여 운영한다. 예를 들어, 스포츠를 통해서 활발하고 역동적인 기업의 이미지를 부각하길 원하는 기업의 경우 야구나 축구 후원 등을 고려할 수 있는 반면, 사회 공헌의 이미지를 부각하고 싶은 기업의 경우는 프로 리그가 상대적으로 활발하지 않은 종목의 꿈나무 선수들을 후원하는 활동을 고려할 수 있다.

둘째, 콘텐츠의 생산에 있어서 해당 후원 활동을 이용해야 하기 때문에 콘텐츠의 자유도가 상대적으로 떨어진다. 통상적으로 광고 콘텐츠를 촬영하는 경우, 목적하는 바에 따라 전체 시나리오를 만들고 작화를 하여 상세 스토리보드를 만들고 거기에 맞는 모델을 섭외하여 촬영을 진행하게 되는데, 이 과정에서 광고주의 요구가 아주 상세히 반영이 되고, 거의 모든 요구가 어떤 식으로든 반영이 된다. 하지만 스포츠 스폰서십을 활용한 광고 콘텐츠 제작의 경우, 스포츠 단체, 팀, 선수 사이에 서로 얽혀 있는 다양한 계약 관계로 인해 많은 제약 사항이 발생하고, 운동 선수들을 모델로 활용하는 과정에서도 선수들이 연기자나 모델이 아니기 때문에 콘텐츠가 추구하는 바와 선수들의 연기가 딱 맞아 떨어지는 광고를 만들기 위해서는 많은 노력이 필요하다.

셋째, 앞에서와 같은 이유로 광고를 제작함에 있어 브랜드의 통제력이 상대적으로 약하다고 할 수 있다. 스포츠 후원 권리의 마케팅 활용을 위해서는 모든 콘텐츠에 대해 후원 권리를 판매한 원천 권리 소유자(리그, 팀, 선수 등)에게 사전 승인을 받아야 하는데 이 과정에서 원천 권리 소유자의 계약 관계, 브랜드 정체성 등 다양한 이유로 판매자의 입김이 작용하게 된다. 이에 따라 후원 기업의 입장에서는 모든 제약 조건이 열려있는 다른 광고에 비해서는 후원 권리를 활용한 광고물 제작에 있어서 컨트롤 파워가 떨어진

원천 권리 소유자(Right Holder)란?

영어로 Right Holder라고 부르는 원천 권리 소유자는 스폰서십에서 판매되는 지적 재산권, 초상권, 시설 이용권 등을 소유하고 있는 단체나 사람을 말하는 것으로서, 스포츠 마케팅에 있어서는 스포츠 협회, 리그, 연맹, 팀, 그리고 선수 등이 이에 해당한다. 원천 권리 소유자는 후원사에게 직접 권리를 판매하기도 하지만 중개자인 스포츠 마케팅 에이전시를 통해서 후원 권리를 판매한다. 한편, 스포츠 마케팅에서 원천 권리 소유자는 프로퍼티 홀더(Property Holder)라는 말과 혼용되고 있는데, 프로퍼티 홀더도 스폰서십에 포함된 권리를 보유한 단체나 사람을 의미한다.

다고 볼 수 있다.

넷째, 직접 제작하는 광고물의 경우, 모델 초상권 사용 계약 연장 등을 통해 콘텐츠를 장기적으로 활용할 수 있는 반면에, 스포츠 후원 권리를 활용해 제작한 콘텐츠의 경우 후원 기간이 끝나면 더 이상 활용할 수 없게 되어 해당 광고물을 장기적으로 기업의 자산으로 변화시키는 데 다소 어려움이 따른다.

기업은 스포츠 마케팅을 어떻게 활용할까?

앞에서 다른 광고 대비 스포츠 마케팅의 특징 및 기업의 입장에서 스포츠 스폰서십 활용상의 장단점을 살펴보면서 기업이 어떻게 스포츠 마케팅을 활용하는지에 대해서 간접적으로 살펴보았는데, 여기서는 좀 더 직접적으로 기업이 스포츠 마케팅을 어떻게 활용하는지 살펴보자.

그렇다면 기업이 스포츠 마케팅을 어떻게 활용하는지를 살펴볼 수 있는 가장 좋은 자료는 무엇일까?

정답부터 말하자면 후원 권리 사항 요약표(영어로는 Head of Terms 또는 Term Sheet이라고 부름)라고 할 수 있다. 모든 기업의 스포츠 마케팅 활동은 스폰서가 원천 권리 소유자로부터 제공받는 후원 권리를 바탕으로 하고 있기 때문에 후원 권리 사항을 확인함으로써 기업이 스포츠 마케팅을 어떻게 활용하는지를 대략적으로 확인할 수 있다. 물론 권리 사항만으로는 표현되지 않는 정성적인 내용들도 기업에서는 활용을 하지만 후원 권리에 대한 명확한 이해가 선행되어 있다면 이를 활용하는 것에 대한 전반적인 이해의 틀이 잡혀 있다고 보아도 무방하다.

스폰서가 제공받는 후원 권리 사항은 후원사가 구매하는 후원 패키지에 따라 많이 달라질 수 있지만, 여기서는 전체적인 관점에서의 후원 권리 활용을 알아보기 위해 스포츠 팀 후원 시, 유니폼 타이틀 스폰서라든지 경기장 네이밍 스폰서 급에서 제공받는 후원 권리를 위주로 살펴보도록 하겠다.

후원사가 제공받는 후원 권리는 대체로 다음과 같이 구성되는데 하나씩 살펴보자.

- 공식 명칭 사용권(Designations)
- 후원 계약 체결식(Partnership Launch)
- 지적 재산권(Intellectual Property)
- 로고 노출(Logo Exposure)
- 선수 초청/활용권(Player Appearances)
- 디지털 자산(Digital Assets)
- 티켓 및 호스피탈리티(Ticketing & Hospitality)
- 체험형 권리(Experiences)
- 기타 권리(Others)

공식 명칭 사용권(Designations)이란 무엇일까?

공식 명칭 사용권이라고도 불리는 이 권리는 후원사가 후원중인 스포츠 팀에 대해서 어떠한 지위를 가지고 있는지를 보여주는 내용으로 스포츠 팀에 대한 후원사의 공식 명칭으로 사용할 수 있는 권리이다. 예전에 오뚜기가 맨체스터 유나이티드의 선수들을 3분 요리 광고에 활용하면서 화제가 된 적이 있었는데, 광고를 자세히 살펴보면 "오뚜기는 맨체스터 유나이티드의 대한민국 공식 파트너입니다."라는 문구를 볼 수 있다. 이 명칭이 내재하는 의미는 '오뚜기가 맨체스터 유나이티드를 후원하는 든든한 기업이며, 대한민국 안에서 맨체스터 유나이티드를 활용한 마케팅을 진행할 수 있다.'라는 의미를 지닌다.

한편, 공식 명칭 중에는 카테고리 독점권이 포함된 명칭들이 존재하는데, 이는 스포츠 팀이 후원사가 속한 업종에서는 다른 후원사를 받지 않는다는 조건으로 공식 후원사로서 후원사의 권리를 보호하고 후원사의 업무상 기밀을 보호하는 역할을 한다.

스포츠 마케팅, 광고주에게 팔리는 제안서

한편, 후원 계약 체결식도 후원 권리 사항 중의 하나이다. 여기서 "아니, 공식 후원 계약 체결 이벤트는 당연히 해야 하는 게 아니야?"라고 반문하는 사람들이 있을 수 있는데, 저자도 많은 후원 계약을 체결하면서, 이 권리를 넣은 경우보다 넣지 않은 경우를 더 많이 보았고, 이 권리 사항을 넣지 않음에도 후원 계약 체결 이벤트를 대체로 진행해 왔다. 하지만 해당 권리에 대해서 좀 더 구체적으로 파고 들어가면 스폰서 입장에서 해당 권리가 매우 중요한 권리임을 알 수 있는데, 이 권리 사항이 계약서에 없으면 후원을 받는 스포츠 팀은 계약 서류에 서명하여 계약을 완료하되, 그것을 알리는 이벤트인 후원 계약 체결식은 별도로 진행하지 않아도 무방하다. 또한, 후원 계약 체결식 권리에는 후원 계약 체결식에 참석하는 인원 및 장소 등에 대해서 구체적으로 언급되어 있는데, 이 조항이 없는 경우에는 해당 사항의 조율에 있어서 후원사와 스포츠 팀 간에 많은 의견 차이가 있을 수 있기 때문에 후원 계약을 체결하는 후원사의 담당자나 후원 권리의 판매를 중개하는 스포츠 마케팅 에이전시는 계약 체결 전에 이 사항들에 대해 점검해 볼 필요가 있다.

이번에는 후원 계약에서 중요한 권리 중의 하나인 지적 재산권 활용에 대해 알아보자. 영어로 Intellectual Property(줄여서 IP)라고 불리는 이 권리는 스포츠 팀의 로고, 사진, 동영상 등을 후원사가 사용할 수 있는 권리로서, 선수들의 집합적 초상권 사용 권리도 포함한다. 스폰서는 이 권리 조항으로 스포츠 팀의 자산을 활용한 광고물을 만들 수 있다.

스폰서십을 활용한 광고물을 제작함에 있어서 한 가지 주의할 사항은 선수들의 초상권 사용에 대한 것인데, 스포츠 팀을 후원하는 기업은 선수 개개인을 후원하는 것이 아니기 때문에 선수 한 명 한 명을 단독으로 광고물에 활용할 수는 없다는 점이다. 이에 선수 3명 이상 또는 4명 이상 등을 함께 사용해야 하는 집합적 초상권에 대한 조항이 스포츠 팀 후원 권리에는 따라 다니기 마련이다. 물론, 후원 기업이 특정 선수와 별도 계약을 체결한 경우, 그 선수에 대해서는 단독으로 초상권을 사용할 수 있다.

반면, 후원사는 다양한 방법으로 후원사의 로고를 스포츠 팀의 활동에 노출시키는데, 대표적인 예가 스포츠 팀의 경기복이나 경기장의 광고판에 후원사의 로고를 노출하는 것이다. 이 외에도 후원사는 경기장 외부 및 내부 곳곳에 후원사의 목적에 따라 선별적으로 로고를 노출하는 권리를 구매한다. 예를 들어, 중계 방송이나 경기 관련 신문 기사를 통해서 좀 더 많은 대중에게 노출이 되고자 하는 후원 기업의 경우 경기복이나 경기장 내 TV 중계에 잡히는 광고판을 구매하는 반면, 스포츠 팀이 있는 지역의 아이콘이 되고자 한다면, 경기장 네이밍 권리나 경기장 외부 로고 노출 권리를 구매한다.

또 하나의 주요한 권리 중의 하나는 Player Appearances라고 불리는 선수 초청권 또는 선수 활용권이다. 영어적으로는 '선수가 등장한다.'라고 하여 Player Appearances라고 부르고 별도의 권리로 구분해 놓는 경우가 많지만, 우리 나라에서는 행사(이벤트)에 관한 권리에 선수 초청이 포함되어 있는 경우가 많다. 이 권리는 스폰서가 선수를 활용한 광고물을 촬영하거나 스폰서의 행사에 선수를 초청하여 사인회를 개최하는 목적으로 많이 쓰이는데, 광고 촬영뿐만 아니라 사인회 같은 경우도 추후 기업의 마케팅 콘텐츠로 활용하기 위해 영상물 등을 제작하는 경우가 많아서 앞에서 언급한 스포츠 팀의 지적 재산권 권리 사용 조항과 연계하여 집합적 초상권을 적용할 수 있도록 초청하는 선수의 숫자를 조정하고 있다. 하지만 이 권리의 경우 시즌 중에는 훈련이나 경기로 인한 선수들의 바쁜 일정으로 인해 후원사 입장에서 활용하기가 매우 어려운 경우가 많다. 이를 대비하여 빅 클럽들(규모가 큰 팀들)에서는 해당 팀에서 뛰다가 은퇴한 유명 선수들을 영입하여, 이 선수들의 초청권을 스폰서에게 부여하는 경우도 종종 있다. 이러한 선수들을 해외 유수 클럽에서는 레전드(Legends) 선수라고 부르며, 이 권리를 레전드 선수 초청권(Legend Appearances)으로 별도로 분리하여 부르고 있다.

최근에는 디지털 매체에 대한 활용도가 높아지면서 디지털 권리들도 후원 권리 중의 중요한 권리로 여겨지기 시작했다. 이러한 권리 사항들을 묶어서 디지털 자산(Digital Assets)이라고 분류하는데, 디지털 자산의 경우 스포츠 팀이 보유한 디지털 매체(Owned Media) 상에 스폰서의 브랜드를 노출하는 권리와 스포츠 팀이 제작하는 디지털 콘텐츠 내에 스폰서 브랜드를 노출하는 권리로 나누어진다. 스포츠 팀의 디지털 매체 상에 후원사의 브랜드를 노출하는 대표적인 예는 스포츠 팀이 운영하고 있는 홈페이지 상에 다양한 크기의 광고 배너를 노출하는 것, 홈페이지의 하단에 스폰서의 로고를 노출하는 것, 홈페이지상 파트너 소개란에 스폰서 설명을 노출하는 것 등이다. 이 외에도 모바일 애플리케이션 상에 스폰서 브랜드를 노출하는 등 다양한 매체에 노출이 가능하다. 한편, 스포츠 팀의 디지털 콘텐츠 상 스폰서가 노출되는 방식은 크게 두 가지로 나누어지는데, 하나는 스포츠 팀의 정규 콘텐츠 내에 스폰서의 로고만 붙여서 나가는 것이고 다른 하나는 스포츠 팀이 스폰서와 협의를 통해 스폰서 맞춤형 콘텐츠를 제작하는 것이다. 전자의 경우는 스포츠 팀의 기존 콘텐츠에 파트너사 브랜드(로고)를 붙였다고 해서 브랜디드 콘텐츠(Branded Content)라고 부르고, 후자의 경우는 파트너사에게 맞춘 콘텐츠를 제작했다고 하여 맞춤형 콘텐츠(Bespoke Content)라고 부른다. 브랜디드 콘텐츠의 경우 대부분 '이 콘텐츠는 ××회사와 함께 합니다.(presented by xx)'라는 문구가 영상의 시작 또는 끝에 삽입되며, 후자의 경우는 공식 후원사 명칭(Official Partner)과 함께 스포츠 팀과 스폰서 로고

콘텐츠 종류에 따른 후원사 로고 노출 형태 비교

브랜디드 콘텐츠에서 후원사 로고 노출 형태	맞춤형 콘텐츠에서 후원사 로고 노출 형태	
Presented by 후원사 로고	스포츠 팀 로고	후원사 로고
	Official Partner	

가 병합된 형태의 로고(Lock‑up)를 사용하여 콘텐츠를 마무리하게 되는 경우가 많다. 위의 이미지는 브랜디드 콘텐츠와 맞춤형 콘텐츠 내에서 후원사 로고가 노출되는 형태를 비교해 본 것이다.

　다음으로는 후원 권리 중 활용 빈도가 가장 높다고 볼 수 있는 티켓에 대한 권리이다. 티켓은 많이 친숙한 사항으로 더 이상 살펴볼 것이 없다고 생각할 수도 있으나, 티켓도 다양한 종류가 있으므로 여기서 티켓의 구분 방법에 대해 간략히 설명하고 넘어가겠다. 티켓은 크게 일반 입장권(General Admission Tickets)과 호스피탈리티 티켓(Hospitality Tickets), 두 가지 종류로 나뉘며, 일반 입장권의 경우 지정석과 비지정석으로 나뉜다. 일반 입장권의 경우 단어 자체가 의미하듯이 티켓 구매 시, 자리 지정 여부에 따라 지정 좌석과 비지정 좌석으로 나누어진다. 한편, 호스피탈리티 티켓은 일반 입장권 티켓과는 달리 경기 관람 전과 중간, 그리고 경기 종료 후에 식음료가 제공되는 티켓으로 이해하면 쉽다. 호스피탈리티(Hospitality)를 영한 사전으로 찾아보면 '접대, 환대'의 뜻으로 식음료 제공과 직접적으로 연결되는 느낌이 적지만, 영영 사전으로 찾아보면 '회사 등이 스포츠 경기나 이벤트에 손님을 초대하여 제공하는 식음료 및 특전' 등으로 되어 있다. 경기장에 있는 VIP 박스(Box)나 라운지(Lounge)를 이용할 수 있는 티켓이 대표적인 호

스포츠 마케팅, 광고주에게 팔리는 제안서

스피탈리티 티켓이라고 할 수 있겠다. 여기서 박스랑 라운지의 차이를 간략히 설명하면, 박스의 경우 10명에서 20명 남짓한 사람이 들어갈 수 있는 공간으로, 그 권리를 다른 사람이나 회사와 나눠서 사용하지 않는 경우가 많기 때문에 좀 더 사적인 분위기를 만들 수 있는 반면, 라운지의 경우 100명에서 200명 정도가 들어가는 큰 공간을 다양한 사람과 기관이 나눠서 사용하는 경우가 많기 때문에 전반적인 경기장의 분위기를 더 잘 느낄 수 있다.

스포츠 팀 주요 후원 권리 사항

구분	상세
공식 명칭 사용권 (Designations)	• 공식 후원사 명칭 사용 (오피셜 파트너, 글로벌 파트너 등)
파트너십 런치 (Partnership Launch)	• 후원 계약 체결 프레스 콘퍼런스 및 보도자료 배포 진행
지적 재산권 (Intellectual Property)	• 팀이나 선수의 로고, 사진, 동영상 사용
로고 노출 (Logo Exposure)	• 유니폼 또는 의류 상에 로고 노출 • 경기장 이름 로고 노출 • 경기장 내 중계 방송에 잡히는 LED 광고 또는 Backdrop 등에 로고 노출 • 경기장 내 중계 방송에 잡히지 않는 각종 자산에 로고 노출
선수 초청/활용권 (Player Appearances)	• 영상 촬영이나 이벤트에 선수 초청/활용
디지털 자산 (Digital Assets)	• 홈페이지 내 광고 노출, 브랜디드 콘텐츠 제작, 맞춤형 콘텐츠 제작 등
티켓 및 호스피탈리티 (Ticketing and Hospitality)	• 일반석(일반 입장권) 및 박스 등 경기 관람권
체험형 권리 (Experiences)	• 경기장 내 각종 시설물 이용 및 선수 만남 등 팀 자산 체험
기타(Others)	• 스폰서 데이, 친선 경기, 이메일 광고 등

끝으로 각종 체험형 권리가 있는데, 대표적인 경우가 스포츠 팀이 상주하고 있는 구장 투어라든지, 구장에 있는 숙박이나 훈련 시설을 이용한다든지 하는 권리가 있으며, 이 외에도 선수들이 차량에서 경기장으로 입장할 때 바로 앞에서 볼 수 있는 공간에 들어갈 수 있는 권리, 경기가 끝나고 선수를 잠깐 만나볼 수 있는 권리 등 다양한 권리가 있다.

이 외에도 스폰서에게 추가 권리를 제공하는 스폰서 데이(Sponsor Day) 등 다양한 부가적인 권리들이 있으나 그 양이 방대하고 종류도 다양하므로 좀 더 자세한 사항은 실무를 하면서 하나씩 익혀 나가도록 하자.

이렇게 많은 후원 권리를 후원사가 어떤 목적으로 마케팅에 활용하는지를 카테고리별로 나누어 살펴보면 크게 후원 권리와 직접적으로 연계되는 것과 간접적으로 연계되는 것으로 나누어 볼 수 있으며, 이것은 다시 각각 2~3개로 나누어 볼 수 있다.

먼저 후원 권리의 사용과 직접적으로 연계되는 것들은 로고 노출을 통한 인지도 제고, 지적 재산권 및 선수 활용을 통한 콘텐츠 생성, 티켓 및 체

기업의 스포츠 마케팅 활용

인지도
제고

타깃 고객 군 내 지속적
노출 통한 인지도 제고
(경기, 신문 기사 등)

콘텐츠
생성

각종 광고, SNS, PR
소재로 활용

호스피
탈리티

거래선/소비자
엔터테인먼트소재로 활용
(경기 관람, 각종 이벤트 연계)

브랜드
이미지
형성

후원 스포츠/팀/선수의
이미지를 해당 기업
브랜드 이미지로 전이

판매 촉진
활동

땡땡 기념 할인 행사,
매장 내 후원 활동 소개 등
판매 접점에 활용

스포츠 마케팅, 광고주에게 팔리는 제안서

험형 프로그램 활용을 통한 고객 및 소비자 호스피탈리티가 있고, 간접적인 것들은 후원하는 스포츠 대회, 팀, 선수들이 전달하는 이미지를 후원 기업의 브랜드 이미지로 전이시키는 것과 스포츠 팀의 성적을 기념한 할인 행사를 하는 등 판매 활동 촉진에 활용하는 것 등이 있다.

이 중에서도 인지도 제고 활동과 콘텐츠 생성 활동은 소비자(Consumer)를 대상으로 많이 이루어지며 호스피탈리티와 판매 촉진 활동은 고객(Customer)을 대상으로 많이 이루어진다고 볼 수 있다.

원천 권리 소유자는 후원사의 후원 목적에 따른 후원 권리 사항의 조합을 통해 더욱 매력적인 스폰서십 제안을 만들 수 있다.

'소비자(Consumer)'와 '고객(Customer)'의 차이

소비자는 사업자가 제공하는 상품이나 서비스를 이용하는 사람, 고객은 사업자가 제공하는 상품이나 서비스를 구매하는 사람으로 두 단어는 일상 생활에서는 큰 차이 없이 사용된다. 하지만 마케팅에서는 이용과 구매의 차이로 인해 두 용어를 구분하여 사용하고 있다.

고객(Customer)은 다시 최종구매자(End-customer)와 재판매자(Re-seller)로 나뉘는데, 최종소비자의 경우는 물건을 구매하여 본인이 직접 사용하는 사람을 이야기하고, 재판매자는 물건을 구매하여 다시 판매하는 사람을 말한다. 따라서 최종 구매자로서의 고객은 소비자와 같지만 재판매자로서 고객은 소비자와 다르다고 할 수 있다.

앞에서 스폰서십을 활용한 기업의 인지도 제고 활동과 콘텐츠 생성 활동은 후원 기업의 제품을 쓰는 사람과 후원 기업의 경쟁사 제품을 쓰는 사람 모두를 대상으로 이루어지는 반면, 호스피탈리티와 판매 촉진 활동은 후원 기업의 제품을 구매하는 유통업자나 최종 소비자를 대상으로 이루어진다는 점에서 차이가 있다.

기업은 어떤 기준으로 스포츠 스폰서십을 평가할까?

대중에게 인기가 많은 스포츠도 있고, 인기가 적은 스포츠도 있지만 전 세계에는 무수히 많은 종류의 스포츠 대회, 리그, 팀, 그리고 선수가 있다. 그렇다면 기업의 스폰서십 담당자들은 어떤 기준으로 그 기업의 스포츠 마케팅으로 활용할 프로퍼티(Property)를 선정할까? 서두에서 간략히 언급한 것처럼 저자는 7년의 기간 동안 전 세계 각 국가의 스포츠를 검토하고 후원을 했는데, 인기 스포츠 위주로만 검토하고 후원을 했음에도 검토한 종목이 20개가 훨씬 넘는다. 이것은 팀이나 선수를 제외한 스포츠 종목에 대한 가짓수만 언급한 것으로, 한 종목 안에서 각기 다른 후원 요청 사항들을 검토한 것까지 따지면 엄청나게 많은 양의 제안을 검토했다. 그렇다면 이렇게 많은 스폰서십 제안을 기업은 어떤 기준을 가지고 평가하여 후원 활동을 진행하게 되는 것일까?

스폰서십의 권리를 판매하는 세일즈맨의 입장에서 기업의 마케팅 전략 방향, 스폰서십 담당자가 처한 상황, 그리고 스폰서십을 평가하는 지표에 대해서 이해하고 제안을 하는 것은 매우 중요할 뿐만 아니라 판매자와 구매자 모두에게 효율적인 접근인데, 여기서는 기업이 스폰서십을 평가하는 기

프로퍼티(Property)란?

우리말로 '재산, 소유물' 등을 뜻하는 영어 단어인 Property는 스포츠 마케팅에 있어서 스폰서십 판매의 대상이 되는 것을 포괄하여 말한다. 프로퍼티는 이러한 판매 대상이 되는 스포츠 대회, 리그, 팀, 선수 또는 그들이 판매하는 권리를 말하는데, 앞에서 살펴본 것처럼 스폰서십 판매 권리를 보유한 주체라는 뜻에서 스포츠 대회, 리그, 팀 그리고 선수를 프로퍼티 홀더(Property Holder)라고도 부른다.

스포츠 마케팅, 광고주에게 팔리는 제안서

준에 대해서 자세히 살펴보고자 한다.

기업이 후원 권리 사항을 선정할 때 기업이 스포츠 마케팅을 하는 목적에 따라 권리 사항의 구성을 달리하듯이, 기업이 어떤 스포츠 종목, 리그, 대회, 팀 또는 선수를 후원할 지 결정하는 과정에서도 그 목적에 따라 각기 다른 기준을 사용하게 되는데, 대체로 아래 있는 여섯 가지 정도의 기준을 가지고 스포츠 마케팅의 목적에 따라 기준별 경중을 달리하여 평가를 하게 된다.

- 연중 지속성
- 성장 추이
- 활용성 및 화제성
- 이미지 및 타깃 적합성
- 기업 예산 대비 스폰서십 가격 적정성
- 후원 권리 사항의 가치 대비 스폰서십 가격 적정성

이 여섯 가지 중 스포츠의 연중 지속성과 성장 추이는 해당 스폰서십이 스폰서의 브랜드를 노출시키는 매체로서 얼마나 매력적인지를 살펴보는 지표로 주로 활용되며, 활용성, 화제성, 이미지 및 타깃 적합성은 주로 해당 후원이 기업의 브랜드를 위한 콘텐츠 생성에 얼마나 유용한지 평가하는 지표로 활용된다. 이외에 기업 예산 대비 스폰서십 가격의 적정성, 그리고 스폰서십을 통해 제공되는 후원 권리 사항의 가치 대비 스폰서십 가격의 적정성은 이 스폰서십의 가격 합리성을 평가하는 지표로 주로 이용된다.

스포츠의 연중 지속성은 무엇을 말하는 것이며, 이것은 스폰서에게 어떤 의미를 지닐까?

1년 내내 진행하는 스포츠 대회도 간혹 있을 수 있지만 대부분의 스포츠는 시즌이라는 개념을 가지고 있다. 날씨 및 선수 관리 등 여러 가지 이유로 경기를 1년 내내 진행하기보다는 1년 중 특정 기간에만 진행한다. 앞에서 기업이 스포츠 마케팅을 하는 이유에서 기업은 기업의 인지도를 제고하기 위해서 스포츠 마케팅을 활용하기도 한다고 했는데, 브랜드의 인지도는 단기간에 엄청난 양의 노출을 통해서도 높아지지만 반복적으로 노출이 되지 않은 경우 대체로 사람들의 기억 속에서 대체로 사라져 간다. 따라서 스포츠 스폰서십을 통해서 기업의 인지도를 올리고자 하는 기업의 경우는 단발적인 이벤트보다는 연중 지속성이 높은 스폰서십 계약을 선호하는 경향이 있다. 물론, 하나의 종목만 후원하는 것이 아니라 다양한 종목의 조합을 통해서 연중 스폰서십 운영 기간을 늘리는 경우도 있다. 우리나라의 주요 스포츠는 대체로 하절기와 동절기로 구분되어 있는 경우가 많은데, 야구, 축구, 골프가 하절기에 진행되는 스포츠라면, 농구와 배구가 동절기에 진행되는 스포츠의 대표적인 예이다. 따라서 1년 내내 브랜드를 노출하고자 하는 기업은 4월에서 10월까지 진행되는 야구와 10월에서 4월까지 배구 두 종목 모두를 후원하는 방법 등을 통해서 그 목적을 달성할 수 있다. 물론, 기업이 판매하는 제품이나 서비스의 특성으로 인해 특정 기간에만 노출이 필요한 경우 그 기간에 해당하는 종목을 위주로 후원하는 경우도 많이 있기는 하다. 예를 들어, 아이스크림이나 수영복을 판매하는 회사는 아무래도 겨울보다는 여름에 해당 기업이 소비자에게 많이 회자되는 것이 제품 판매에 유리

1년 내내 스포츠 스폰서십 운영을 위한 스포츠 종목 조합의 예

스포츠 마케팅, 광고주에게 팔리는 제안서

하기 때문에 비용 효율성 등을 극대화하기 위해서 여름 시즌에 집중적으로 노출을 증대할 수 있는 스폰서십을 후원하게 된다.

그렇다면 스포츠 성장 추이를 살펴보는 이유는 무엇이며, 어떤 기준을 가지고 해당 종목, 리그, 대회, 팀, 또는 선수가 성장하고 있다는 것을 판단할까?

회사의 경영 전략 담당자가 시간의 흐름에 따른 기업의 성장 전략을 짜듯이 스포츠 마케팅 담당자도 지금 당장뿐만 아니라 중장기적인 계획을 가지고 스폰서십 전략을 짜고 운영을 한다. 따라서 스포츠 후원을 준비하고 있는 기업은 스포츠의 현재 상황과 향후의 성장 가능성을 살펴본다. 현재 인기가 많은 프로퍼티를 후원하는 경우에는 단기적으로 인지도와 선호도를 제고하는 데 도움을 줄 수 있으나 상대적으로 비용이 높을 수 있다는 단점이 있는 반면, 현재의 인기는 매우 높지는 않지만 향후에 성장성이 높은 프로퍼티를 후원할 경우 단기적으로 효과는 다소 미미하더라도 프로퍼티 홀더와 파트너사가 오랜 신뢰를 바탕으로 더욱 적극적으로 마케팅을 진행하여 중장기적으로 큰 효과를 볼 수도 있다. 스포츠 대회나 팀, 선수의 성장 추이는 다양한 방법으로 확인이 가능한데, 대표적인 것이 중계 시청률의 변화, 총 상금의 변화, 후원금의 변화, 대회 또는 경기 수의 증감 등이다.

1990년대 후반 인터넷의 보급, 2000년대 후반 모바일 인터넷의 보급, 그리고 2020년 COVID-19 팬데믹으로 인해 디지털 플랫폼의 성장이 가속화되면서 콘텐츠로서 스포츠 마케팅의 활용이 예전보다 더욱 활발해지고 있는데, 예전에는 스폰서가 후원 권리를 어떻게 콘텐츠로 생산하여 운영할 것인지에 대해 관심이 많았다면, 최근 추세는 스포츠 단체나 선수가 어떤 플랫폼에 어떤 콘텐츠를 운영하고 있는지에 대한 관심이 대두되었다. 불과 2~3년 전까지만 하더라도 중계 방송과 신문 기사 위주로 노출되던 스포츠 콘텐츠는 스포츠 협회, 대회, 리그, 팀, 그리고 선수들의 유튜브 및 소셜 미디어 활용이 활발해지면서 다양한 방식으로 생성되고 있는데, 이 콘텐츠가 얼마나 주목받는지가 스폰서의 후원에도 많은 영향을 미친다. 재미있는 콘텐츠의 바이럴적인 확산은 중계 방송이나 신문 노출에 대비하여 콘텐츠에 대한 소비자들의 관여도가 높기 때문에 후원 기업의 브랜드 인지도나 선호도 개선에 많은 도움을 주게 된다.

한편, 후원 기업은 후원 대상 검토 시, 기업의 브랜드 이미지 및 타깃 고객이 그들이 후원하는 스포츠, 팀, 그리고 선수의 이미지 및 팬 층과 잘 맞는지를 살펴본다. 여기서 말하는 이미지는 기업이나 스포츠가 주는 인상이나 느낌을 나타내는데, 안전하면서도 빠른 느낌을 주어야 하는 제품인 스포츠 자동차 회사와 튼튼하면서도 힘이 센 느낌을 주어야 하는 트랙터 회사가 후원하는 스포츠의 종류는 다르기 마련이다. 어떤 프로퍼티를 후원할지는 타깃 고객에 따라서도 달라질 수 있는데, 소득 상위 20~80%의 대중을 대상으로 제품과 서비스를 판매하는 회사와 소득 상위 20% 이내의 고객을 대상으로 제품과 서비스를 판매하는 회사는 서로 다른 스포츠 마케팅을 진행하게 될 확률이 높다.

모든 구매 활동에서 가장 중요한 것 중의 하나는 가격일 것이다. 스폰서십을 구매하는 후원 기업은 어떤 기준으로 스폰서십의 가격 합리성을 판단할까?

크게 두 가지 관점에서 스폰서십의 가격을 판단하게 되는데, 그 첫 번째는 기업의 예산 대비 스폰서십의 가격이다. 우리가 마련해 놓은 돈이 없으면 물건을 구매할 수 없듯이 기업의 경우도 준비해 둔 예산이 없으면 스폰서십을 구매할 수가 없다. 앞에서 간략히 살펴본 바와 같이 기업의 광고비 예산은 스포츠 마케팅 이외에도 다양한 마케팅 커뮤니케이션 활동에 사용되는데, 기업에서 예산을 어떻게 배분하는지에 따라 스포츠 마케팅에 사용할 수 있는 금액이 달라진다. 그리고 스포츠 마케팅 내에서도 기업이 스포츠 마케팅 포트폴리오를 어떻게 운영하는지에 따라 예산은 더 나누어지게 되는데, 기업은 이러한 전반적인 요소를 고려하여 제안된 스폰서십을 진행할 수 있을지 여부를 1차적으로 판단하게 된다. 한편, 구매한 스폰서십은 그 것을 활용하는데 필요한 예산이 별도로 필요한데, 기업의 후원 담당자는 이러한 요소도 사전에 고려하여 스폰서십을 구매한다. 두 번째는 후원으로 제공되는 후원 권리 사항의 가치 대비 스폰서십의 가격 적정성이다. 규모가 큰 스폰서십의 경우, 후원 권리를 판매하는 원천 권리 소유자인 리그나 팀에서 판매하는 후원 권리의 미디어 밸류(Media Value)를 잠재적 후원사에게 제공하는데, 후원사는 통상적으로 미디어 밸류와 후원 금액의 비율을 보고 해당 스폰서십의 가격이 적당한지를 판단한다. 미디어 밸류 제공이 어려운 스폰서십의 경우, 후원사에서는 시장에서 비슷한 후원 권리 패키지의 시세를 조사하여 그 적정성을 정성적으로 판단하게 되는 경우가 많다.

기업이 스포츠 스폰서십을 평가하는 기준

구분	스폰서십 평가 기준/지표	
매체로서 영향력	• 연중 지속성 　- 리그 및 대회 운영 기간, 계절 등	• 성장 추이 　- 시청률, 상금, 후원금, 대회 수 등
콘텐츠로서 유용성	• 활용성 및 화제성 　- 콘텐츠 인기, 운영 플랫폼, 지역, 　　성별, 감독, 선수 등	• 이미지 및 타깃 적합성 　- Premium, Active, Young, 　　Historic 등
가격 합리성	• 기업 예산 대비 스폰서십 　가격 적정성 　- 기업의 마케팅 예산 수준, 잔액 등	• 후원 권리 사항의 가치 대비 　스폰서십 가격 적정성 　- Media Value vs. 　　Sponsorship Fee 비율

Media Value(미디어 밸류)란?

Media Value는 '매체 가치' 정도로 해석될 수 있는데, 여기서는 후원 권리가 매체 상에 노출된 정도를 금액으로 산정해 본 것을 말한다. 과거 텔레비전이 스포츠 매체의 중심적인 역할을 했던 시절 Repucom(레퓨콤)이라는 분석 회사에서 Quality Index(QI, 품질 지표)라고 불리는 기준을 가지고 후원 권리의 방송 매체 노출에 따른 가치를 금액으로 산정하여 제공하였는데, 2016년 레퓨콤이 시장 조사 기관 닐슨(Nielsen)에 인수되면서 최근에는 닐슨에서 텔레비전, 디지털, 프린트, 및 옥외 등 다양한 정보를 수집하여 후원 권리 사항 가치를 측정한 정보를 주로 이용하고 있다. 한편, 소셜미디어의 경우는 GumGum(검검)이라는 기관에서 미디어 밸류를 측정하여 판매하기도 한다.

스포츠 마케팅, 광고주에게 팔리는 제안서

기업은 스포츠 마케팅에 얼마나 돈을 쓸까?

조금 전 살펴본 바와 같이 기업이 스폰서십을 진행하기 위해서는 준비된 재원이 있어야 하기 때문에 잠재적 후원사에게 스폰서십을 제안하는 원천 권리 소유자나 스포츠 마케팅 에이전시는 이 잠재적 후원사의 예산 상황을 대략적으로라도 파악하고 있는 것이 제안의 여부와 적극성을 판단하는 데 굉장히 중요하다. 예산 상 에이전시가 판매하고자 하는 스폰서십을 구매할 능력이 없는 기업을 위해 제안서를 준비하는 작업은 에이전시 입장에서 시간과 체력적으로 비효율적일 뿐만 아니라 제안을 받는 기업 입장에서도 난감하고 번거로울 수 있다.

그렇다면 기업은 스포츠 마케팅에 얼마나 돈을 쓸까?

기업이 스포츠 마케팅에 사용하는 금액을 재무제표 상에 표기하지는 않기 때문에 특정 기업이 스포츠 마케팅에 정확히 얼마를 쓰고 있는지는 확인하기가 어렵다. 따라서 대략적인 금액을 합리적인 방식으로 추정을 해 보아야 하는데 어떻게 할 수 있을까?

기업의 스포츠 마케팅 예산을 추정해 보기 위해서는 먼저 그 기업의 광고비가 얼마나 되는지를 먼저 확인해 볼 필요가 있다. 스포츠 마케팅 예산은 광고비에서 예산을 할당하여 진행하기 때문에 적어도 광고비를 넘어서 스포츠 스폰서십을 진행할 확률은 매우 낮아 후원 기업의 광고비를 먼저 추정해 봄으로써 원천 권리 소유자나 스포츠 마케팅 에이전시가 현재 판매하고자 하는 스폰서십이 제안을 받는 기업에서 소화 가능한 것인지 여부를 먼저 판단할 수 있다.

광고비는 기업의 재무제표 상 판매비와 관리비에 "광고선전비"라는 항목으로 포함되어 있지만 기업 공개가 이루어지지 않은 회사의 경우에는 확인하기 어려운 경우가 많아 별도의 확인 절차가 필요하다.

기업 사업보고서 내 재무제표 상 판매비와 관리비 내역 예시

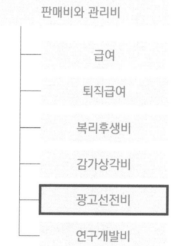

해마다 조금씩 달라지기는 하지만 다행히도 업종별로 기업이 매출액 대비 사용하는 광고비의 비율이 어느 정도 정해져 있는데, 매출액은 기업 공개가 이루어진 상장사들은 물론 그 이외의 회사들도 기업신용보고서 등을 통해 조회가 가능한 경우가 많고 구인구직 사이트에서 무료로도 조회 가능한 경우가 많기 때문에, 업종별로 기업이 사용하고 있는 광고비의 비율을

파악해 둔다면 제안하는 스폰서십에 대한 기업의 지불 능력이 있는지는 어느 정도 유추해볼 수 있다. 하지만 여기서 추가로 고려할 것은 그 기업이 광고비를 어떻게 나누어 사용하고 있는지를 파악하는 것이다. 기업의 광고비는 대체로 마케팅 커뮤니케이션 활동에 나누어 사용하고 있는데, 앞에서 살펴본 바와 같이 마케팅 커뮤니케이션 활동에는 스포츠 마케팅 이외에도 다양한 항목이 존재한다. 이 중에는 TV 광고와 같이 금액이 큰 항목도 포함되어 있기 때문에 원천 권리 소유자나 스포츠 마케팅 에이전시는 잠재 후원 기업이 TV 광고 등을 집행하고 있다면 해당 금액만큼을 기 추정한 광고비에서 제외한 후 나머지 금액을 해당 기업이 스포츠 마케팅에 사용할 수도 있는 금액으로 판단하는 것이 좋다. 또한 그 기업에서 현재 다른 스포츠 스폰서십을 운영하고 있는 경우, 그 규모를 보고 해당 기업의 추가적인 스포츠 스폰서십의 여력을 판단해 볼 수 있다. 한편, 스포츠 마케팅 비용의 경우는 스폰서십 구매에 들어가는 비용 외에도 스폰서십을 활용하기 위한 비용도 필요하므로 이 부분도 감안해야 하는데, 경우에 따라 다르긴 하지만 통상적으로 구매 비용 대비 최소 1~1.5배 정도의 비용을 활용 비용으로 책정하여 운영하는 경우가 많다.

광고비 구성의 예

아래 도표는 컨설팅 회사 딜로이트에서 해마다 내놓는 미국 내 업종별 기업의 매출액 대비 광고비 비율인데, 업종에 따라 적게는 매출액 대비 2%에서 많게는 19%까지 광고비를 사용하는 것을 확인할 수 있다. 예를 들어, 매출액이 1조원인 제조사 A의 경우는 광고비 예산을 약 240억원(1조원×2.4%) 정도 운영하고 있다고 추정할 수 있고, 매출액이 1조원인 금융회사 B의 경우는 광고비 예산이 약 920억원(1조원×9.2%) 정도로 추정할 수 있다.

그럼 제조사 A를 가지고 얼마짜리 스폰서십이 제안 가능한지 예를 들어 한 번 살펴보도록 하자. 광고비가 총 240억인 제조사 A가 TV 광고에 60억원, 디지털 광고에 30억원, 기타 다른 광고에 30억원을 사용하고 있다면 이 회사의 현재 잔액은 120억원이고, 120억원이 스포츠 마케팅에 지불할 여력이 있다고 판단할 수 있다. 하지만 스포츠 후원 권리의 경우 구매 이후 활용도 고려하여야 하기 때문에 스폰서십 비용 대비 활용 비용을 1:1로 본다면 60억원에 상당하는 스폰서십이 제안 가능하다고 추측해 볼 수 있다. 물론, 현실에서는 이런 일이 잘 발생하지 않는다. 왜냐하면, 당해연도의 마케팅

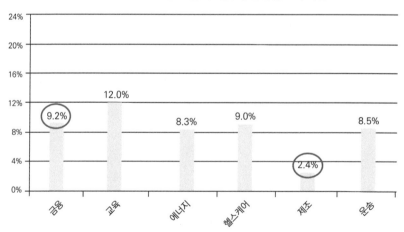

산업군별로 확인해 본 기업의 매출액 대비 광고비 비중

출처: Deloitte CMO Survey 2018 Spring

스포츠 마케팅, 광고주에게 팔리는 제안서

비용은 모든 금액에 대해 이미 사용 계획을 가지고 있는 경우가 많기 때문이다. 따라서 제조사 A의 광고비 240억원 중 내년에 사용되지 않을 것으로 추정되는 금액에 맞추어 스폰서십을 제안하는 것이 가장 효과적이다. 내년에 사용하지 않을 것으로 추정할 수 있는 대표적인 항목에는 다음 년도에 만료 예정인 기존 스폰서십이나 당해 년에만 특별하게 나오는 제품/서비스를 알리는데 사용한 광고비 등이 있다.

스포츠 마케팅 관점에서 스포츠 산업의 다양한 이해관계자
스폰서십 관점에서 스포츠 마케팅의 주요 이해관계자
광고주는 에이전시에 무엇을 기대할까?

02
스포츠 마케팅 이해관계자간 역할의 차이 인식

스포츠 마케팅을 하다 보면 다양한 이해관계자들의 계약 관계로 인해 스폰서가 활용할 수 있는 권리 사항의 종류나 범위가 달라진다. 스포츠 산업에는 정말 다양한 이해관계자들이 존재하는데, 축구의 예를 들어 살펴보면, 전 세계의 축구 단체를 대표하는 국제 협회 격인 국제축구연맹 FIFA (Football Internationale de Football Association)가 있고, 각 대륙에는 대륙의 대표 격인 협회, 아시아의 경우는 아시아축구연맹 AFC(The Asian Football Confederation)가 있으며, 각 국가에는 그 국가의 축구 협회가 있다. 또한 축구 협회 이외에도 각 대회나 경기를 주최하는 리그(연맹)가 있고, 그 연맹에는 그에 소속된 팀, 그리고 선수가 있다. 이뿐만 아니라 선수들의 계약이나 일정 등을 관리해주는 선수 에이전트가 있으며, 스폰서십 판매의 중개 또는 재판매를 하는 스포츠 마케팅 에이전시와 벤더 등 다양한 이해 관계자가 있다.

여기서는 스포츠를 둘러싼 다양한 이해관계자들을 살펴보고, 각 이해관계자의 역할에 대한 차이를 인식함으로써 광고주에게 잘 팔리는 제안서를 만들기 위한 초석을 쌓아 보자.

스포츠 마케팅 관점에서 스포츠 산업의
다양한 이해관계자

스포츠 산업의 관계자에는 문화체육관광부 같이 정책을 세우기 위한 정부 기관, 경기의 생생한 현장을 중계하는 방송 매체도 있지만 여기서는 2장의 서두에서 살펴본 바와 같이 스포츠 마케팅과 조금 더 연관성을 가진 이해관계자를 위주로 살펴보고자 하는데, 하나의 대회(Competition)를 둘러싼 다양한 이해관계자들을 살펴보면 다음과 같다.

- 협회/리그
- 스포츠 팀 및 선수
- 프로모터
- 후원사
- 에이전시(대행사) 및 벤더
- 선수 에이전트

먼저, 하나의 대회가 있기 위해서는 이 대회를 주최하거나 주관하는 업무를 추진할 수 있는 주체가 있어야 한다. 누군가는 그 대회를 열고 운영해야 하기 때문이다. 여기서 대회나 경기를 기획하여 여는 일을 주최라고 하고, 대회나 경기를 맡아서 운영하는 일을 주관이라고 하는데, 경우에 따라 대회의 주최가 누가 되고 주관이 누가 되는지는 많이 달라서 다소 헷갈릴 수 있는 영역이다. 예를 들어, 국내 프로축구 K리그1 경기의 경우 프로축구 연맹인 K리그가 주최, 그리고 각 경기의 홈 팀이 주관을 맡고 있고, 국내 여자프로골프 대회의 경우에는 각 대회를 여는 후원 기업이 주최사, 협회인 KLPGA가 주관사를 맡아 진행하고 있다.

다음은 경기가 진행되기 위해 이 대회에 참가하는 주체가 있어야 하는데, 해당 스포츠 대회에 참가하는 스포츠 팀이나 선수가 여기에 해당된다고 하겠다. 앞의 예에서처럼 축구 경기 같은 경우는 일정 자격을 갖춘 팀이 대회나 리그에 참가를 하고, 각 팀에서 선수들을 운영하는 반면, 개인으로 참가하는 프로골프 대회의 경우에는 팀 개념보다는 선수 개인이 대회 출전 자격을 획득하여 참가한다. 골프의 경우, 후원사들이 후원하는 선수들을 후원사 팀 소속으로 홍보하고 있으나, 이는 스폰서십 운영의 관점에서 접근한 것으로 각 선수들의 경기의 참가 자격과는 무관하다.

한편, 매년 진행되는 리그나 대회가 아닌 단발성의 대회나 경기의 경우는 대회나 경기를 성공적으로 치르기 위해서 참가팀의 모집부터가 중요한 경우가 있다. 이런 경우는 대회 전체의 기획과 운영을 진행하는 프로모터를 별도로 두게 되는 경우가 많은데, 프로모터는 참가팀의 모집부터, 후원사 모집, 대회의 운영 등의 전반적인 사항을 맡아서 관리하게 된다. 사실 프로모터는 상황에 따라 운영 대행사의 역할과 주최사의 역할을 수행하게 되는데, 외부의 의뢰를 받아서 진행하게 되는 경우는 운영 대행의 느낌이 강하고, 프로모터가 직접 기획을 하여 추진을 하는 경우에는 주최사로서의 역할이 강하다. 따라서 이 둘의 구분이 다소 모호하지만 대회나 경기의 흥행을 위해서 프로모터의 역할은 매우 중요하다. 2019년 호날두 노쇼 사태로 세간의 화제가 되었던 K리그 올스타 대 유벤투스 경기를 추진했던 '더페스타'가 단발성 경기를 주최했던 프로모터의 대표적인 예이고, KLPGA 각 대회를 운영하고 있는 '스포티즌', '크라우닝' 등의 경우가 운영적 측면에서 대행을 맡아 진행하고 있는 운영 대행사의 대표적인 예라고 할 수 있다.

스포츠 마케팅, 광고주에게 팔리는 제안서

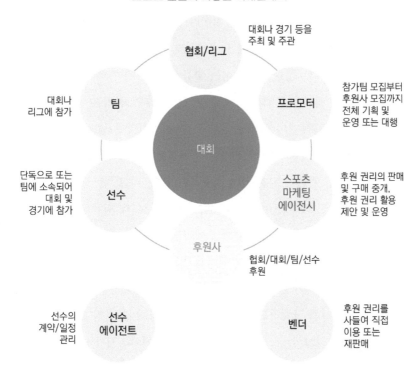

스포츠 산업의 다양한 이해관계자

협회/리그 — 대회나 경기 등을 주최 및 주관

프로모터 — 참가팀 모집부터 후원사 모집까지 전체 기획 및 운영 또는 대행

팀 — 대회나 리그에 참가

대회

스포츠 마케팅 에이전시 — 후원 권리의 판매 및 구매 중개, 후원 권리 활용 제안 및 운영

선수 — 단독으로 또는 팀에 소속되어 대회 및 경기에 참가

후원사 — 협회/대회/팀/선수 후원

선수 에이전트 — 선수의 계약/일정 관리

벤더 — 후원 권리를 사들여 직접 이용 또는 재판매

그렇다면 이러한 대회나 팀을 후원하는 후원사는 스포츠 마케팅 생태계에서 어떤 역할을 하고 있을까? 아마추어 스포츠의 프로화가 되기 전까지 후원사는 스포츠 리그나 팀을 유지하기 위한 재정적 지원자의 역할을 하는 경우가 많았다. 하지만 프로 스포츠가 성장하면서 스포츠 리그나 팀들도 자생적으로 운영이 가능해지고 스포츠의 시청 인구가 많아지면서 스폰서의 역할은 단순히 재정적 지원자에서 후원 권리를 활용하는 마케팅 활용자로 변하게 되었다. 물론, 아직도 재정적 지원이 많이 필요한 스포츠 단체나 선수가 많지만 예전엔 스포츠 팀에서 먼저 기업에 후원의 도움을 요청하는 경우가 주를 이루었다면, 요즘에는 기업이 먼저 후원을 하고자 스포츠 단체의 문을 두드리는 경우도 많아졌다. 이렇게 후원사의 적극적 참여가 의미 있는

것은 후원 기업의 후원 권리 활용을 통한 추가적인 마케팅 활동으로 인해 해당 스포츠가 더욱 활성화된다는 점이다. 스포츠 후원에 투자한 기업은 그 후원 권리를 활용하여 잠재 고객을 대상으로 인지도와 친숙도를 높이고, 기존 고객을 대상으로 선호도를 높이는 활동을 하게 된다. 이때 다양한 후원사들이 다양한 채널을 통해서 다양한 방식으로 후원 권리를 마케팅에 활용하게 되면서 스포츠 팬의 신규 유입이 증가하고 기존 팬들의 만족도가 증가하게 되어 해당 스포츠 자체를 활성화시키는 동력으로 작용한다.

이러한 후원 권리는 원천 권리 소유자인 협회, 리그, 팀, 또는 선수가 직접 판매를 하기도 하지만 여러가지 제약 사항으로 인해 외부에 판매 대행을 맡기는 경우가 많은데, 스포츠 마케팅 에이전시들이 이러한 대행 업무를 주로 수행하게 된다. 스포츠 마케팅 에이전시의 경우 직접적으로 후원 권리를 소유하고 있지는 않지만 여러 원천 권리 소유자 및 다양한 잠재적 후원 기업과의 네트워크를 구축하고 있어 스포츠 마케팅 후원 권리 판매 채널로서의 역할을 수행하고 있다. 한편, 스포츠 마케팅 에이전시가 스포츠 마케팅 후원 권리를 원천 권리 소유자로부터 직접 구매해 두었다가 이를 재판매하는 경우도 있는데, 이러한 에이전시를 벤더(Vendor)라고 부르는 경우가 많다. 사실 같은 회사에서 판매 대행과 재판매 두 가지 형태를 모두 진행하는 경우가 많아 스포츠 마케팅 에이전시와 벤더의 경계가 모호한 경우도 있지만 중개 수수료와 재판매의 개념은 여기서 한 번 짚고 넘어갈 필요는 있다. 후원 권리를 중개하는 스포츠 마케팅 에이전시는 판매하는 후원 권리에 대한 직접적 소유자가 아니기 때문에 후원사로부터의 스폰서십에 대한 추가 내용 파악이나 협상 요구에 대해 즉각적인 답변이나 의사 결정이 어렵고 원천 권리 소유자에게 재확인해야 하는 경우가 많은 반면, 후원 권리를 직접 구매하여 재판매하는 벤더의 경우 후원사의 이러한 요구에 즉각적인 답변 및 패키지 할인 등 협상에 대한 의사 결정을 하여 판매를 촉진하기도 한다. 얼핏 보면 후원사 입장에서는 거래에 대해 유연한 대응이 가능한 벤더와 거래를 하는 것이 더 좋아 보일 수도 있지만 스포츠 마케팅 에이전시의 경우 후원 대상이 되는 권리의 적절한 평가를 객관적인 입장에서 해주는 경우도 많이 있기 때문에 스포츠 마케팅의 전문성이 다소 떨어지는 후원 기업 입장에서는 스포츠 마케팅 에이전시를 통한 거래가 유리할 수도 있다. 또한 벤더의 경우는 대부분 후원 권리의 판매에 집중을 하는 경우가 많은 반면, 스포츠 마케팅 에이전시의 경우는 판매 이후에 판매한 후원 권리의 활용에 대한 리테이너 계약까지 염두해두고 제안을 진행하는 경우가 많아, 스포츠 마케팅 에이전시의 도움을 받으면 스폰서십의 구매와 활용의 전체적인 관점에서 점검이 가능하다.

이외에도 선수들의 계약과 일정을 관리해주는 선수 에이전트 또는 매니지먼트가 있으며, 이들은 선수가 소속된 단체와 후원사 사이에서 선수들의 계약 및 일정 등 세세한 사항을 관리한다.

리테이너(Retainer) 계약이란?

광고주와 대행사의 '리테이너 계약'이란 '프로젝트(Project) 계약' 또는 '컨틴전시(Contingency) 계약'에 상반되는 개념으로 정기 계약을 의미한다. 광고주의 필요에 따라 프로젝트 단위 또는 일시적으로 계약하는 프로젝트 계약과 달리 리테이너 계약은 일정 기간 동안 광고주와 대행사가 맺는 계약으로 이 기간 동안 광고주는 대행사와 미리 정해 놓은 업무 영역 내에서 광고주의 필요에 따라 별도의 계약 없이 대행사의 도움을 받는다. 리테이너 계약은 대행사 입장에서는 안정적인 수익 창출을 이룰 수 있고, 광고주 입장에서는 장기간에 걸쳐 대행사의 체계적인 지원을 받을 수 있다는 점에서 유리하다. 통상적으로 스폰서십의 운영에 대해서 광고주와 대행사가 리테이너 계약을 체결하는 경우, 광고주는 대행사에게 후원 권리 사항의 활용 방안에 대한 기획 및 각종 활동의 운영을 의뢰한다.

스폰서십 관점에서 스포츠 마케팅의
주요 이해관계자

앞에서 스포츠 산업의 이해관계자, 그 중에서도 스포츠 마케팅과 관련
된 이해관계자들을 살펴보았는데, 이번에는 좀 더 영역을 좁혀서 스폰서십
관점에서 스포츠 마케팅의 주요 이해관계자들에 대해서 좀 더 자세히 알아
보자.

스포츠 마케팅의 주요 이해관계자

구분	원천 권리 소유자	후원사	에이전시
행위	• 후원 권리 사항 제작 및 구성 • 후원 권리의 판매	• 후원 권리의 구매 • 후원 권리의 활용	• 후원 권리 판매 및 구매 중개 • 후원 권리 활용 기획 및 운영
역할	• 스포츠 산업 전문가 – 소속된 스포츠 산업에 대한 과거, 현재, 미래에 대한 전문성 • 후원 권리 사항 전문가 – 소유한 자산에 대한 사용 권한의 명확한 이해	• 기업/브랜드 마케팅 기획 전문가 – 회사의 전략 방향 및 마케팅 목표에 대한 분명한 이해	• To 후원사: 스포츠 전문가 – 스포츠 산업 전반에 대한 명확한 이해 및 트렌드 숙지 – 후원 권리에 대한 명확한 이해와 활용에 대한 다양한 경험 • To 원천 권리 소유자: 후원사 전문가 – 후원사의 상황과 니즈 명확히 파악

앞에서 살펴본 스포츠 마케팅 관점에서 스포츠 산업의 이해관계자 중 스폰서십의 판매 과정에 참여하는 주요 이해관계자는 크게 세 부류로 구분되는데, 후원 권리를 제작하여 판매하는 원천권리 소유자(프로퍼티 홀더), 후원 권리의 판매와 구매를 중개하는 에이전시(대행사), 그리고 후원 권리를 구매하는 후원사(광고주)가 이에 속한다. 이들은 어떤 활동을 하며, 이들에게 기대되는 역할에는 어떤 것들이 있을까?

- 원천 권리 소유자(프로퍼티 홀더)
- 후원사(광고주)
- 에이전시(대행사)

스포츠 스폰서십의 판매가 이루어지기 위해서는 먼저 판매할 수 있는 후원 권리가 있어야 하는데, 앞에서 살펴본 바와 같이 이러한 후원 권리를 가지고 있는 단체나 개인을 원천 권리 소유자라고 한다. 원천 권리 소유자에는 스포츠 협회, 리그, 팀, 그리고 선수 등이 있으며, 스폰서십에 있어서 이들의 주된 활동은 후원 권리 사항의 제작, 구성, 판매 및 판매한 후원 권리의 이행, 그리고 그에 대한 결과 보고이다. 원천 권리 소유자는 자신들이 가진 다양한 권리를 각자의 기준에 맞추어 다양하게 구성하고 이를 후원사의 필요나 여건에 맞게 판매한다. 원천 권리 소유자는 본인들이 직접적으로 권리를 소유하고 있는 자들로서 본인들이 속한 산업의 전문가로서 해당 산업의 과거, 현재, 미래 등 산업 전반에 대해 다양하게 소개를 해줄 수 있을 것으로 기대를 받는다. 또한 스폰서십을 판매하는 원천 권리 소유자에게 스폰서십 권리 사항은 제조업에서는 회사에서 판매하는 제품과 같아서, 원천 권리 소유자는 각각의 권리 사항에 대한 명확한 이해를 하고 있을 것으로 기대 받는다. 예를 들어, 특정 축구 팀의 후원 권리를 판매하는 판매 담당자(세일즈맨)는 축구의 전반적인 역사 및 산업 동향, 해당 축구팀이 속한 축구 리그의 변천사 및 현황, 그리고 해당 팀의 변천사 및 향후 나아가고자 하는 방향에 대한 명확한 이해를 하고 있어야 후원 권리를 중개 및 구매하는 에이전시 및 후원사에게 전문가로서 신뢰를 얻을 수 있다. 그리고 제안하는 후원 권리에 대해서도 활용 가능한 상황과 범위까지 명확하게 이해하고 있는 것이 후원 권리를 판매함에 있어서 매우 중요하다고 할 수 있다. 매우 당연한 소리로 들릴 수도 있는 세일즈맨의 이러한 역할에 대해 강조하는 이유는 담당자의 잦은 이직으로 산업이나 팀에 대해서 구체적으로 모르거나, 다양한 이해관계자들 간의 복잡한 계약으로 인해 후원 권리 사항의 상세 활용 범주까지는 모르는 세일즈맨이 생각보다 자주 있기 때문이다. 세일즈맨이 잘 모르는 사항에 대해서 팀 내부의 담당자와 확인 후 다시 알려주는 절차는 당연히 필요하지만, 그 빈도가 너무 잦아지면 스폰서십 세일즈에 부정적인 영향을 미치는 경우도 있으므로 원천 권리를 판매하는 세일즈맨은 이러한 점을 잘 숙지하여야 한다.

원천 권리 소유자에 의해 잘 준비된 스폰서십은 후원사에 의해 구매되는데, 스폰서십에 있어서 후원사의 주된 활동은 구매한 스폰서십을 해당 기업의 후원 목적에 맞게 활용하는 것이다. 앞에서 살펴본 바와 같이 기업은 다양한 목적으로 스포츠 마케팅을 하는데, 기업의 스폰서십 마케터는 후원 목적에 맞는 스폰서십을 찾고, 합리적인 가격에 유용한 권리 사항들을 적기에 확보하는 것이 첫 번째 임무이며, 이렇게 확보한 후원 권리를 기업의 활동에 따라 효과적이고 알뜰하게 활용하는 것이 두 번째 임무이다. 이러한 임무를 수행하기 위해 기업의 후원 담당자는 다양한 스포츠 마케팅 에이전시 및 원천 권리 소유자와 네트워크를 형성하여 지속적으로 시장 동향을 파악하고, 기업의 목적에 맞는 후원 항목을 적기에 확보하기 위해 노력한다. 일반적으로 에이전시 또는 원천 권리 소유자가 스폰서십의 세일즈를 위해 다양한 후원 기업 및 브랜드와 지속적인 네트워크를 형성하려고 먼저 나서서 노력한다고 생각을 하는데, 스폰서십의 판매 주기를 고려해보면 스폰서십을 구매하는 후원 기업 입장에서도 필요한 시기에 적절한 스폰서십을 계약을 체결하기 위해 에이전시 및 원천 권리 소유자와의 주기적인 접촉이 필요하다는 것을 알 수 있다. 통상적으로 스포츠 스폰서십 기간은 짧게는 2년부터 길게는 5년, 심지어 경기장 네이밍(경기장 이름) 후원 같은 경우는 10년 이상 장기 계약을 체결하는 경우가 많기 때문에 기업에서 후원을 하고 싶다고 해도 기존의 후원 계약 때문에 바로 새로운 계약을 체결하기 힘든 경우가 많다. 따라서 기업의 스폰서십 담당자는 장기적인 관점에서 지속적으로 가용한 스폰서십을 찾는 노력을 해야 하며, 필요로 하는 후원 계약의 종료 시점에 대한 정보를 파악하고 있는 것이 좋다.

한편, 기업의 후원 담당자는 이렇게 구매한 후원 권리를 효과적이고 알뜰하게 사용해야 하는데 여기서 효과적이고 알뜰하다는 의미는 무엇일까? 우선 효과적이라는 것은 애초에 스폰서십을 체결한 목적에 맞도록 스폰서십을 최대한 활용하는 것을 말한다. 예를 들어, 후원하고 있는 스포츠 팀의 팬을 해당 기업의 고객으로 만드는 것이 목적이라면 스포츠 팀의 팬을 위한 이벤트를 다양하게 진행하는 것을 말한다. 물론, 스폰서십 구매 이후에 후원 권리 사항을 잘 활용하는 것뿐만 아니라 스폰서십 계약 체결을 잘 하는 것 자체가 스폰서십을 잘 활용하는 것을 의미할 수도 있다. 예를 들어, 스폰서십의 목적이 특정 시장의 인지도를 끌어올리는 것이었다면 그 시장 내 중계 방송 노출이 많이 되는 원천 권리를 구매하는 행위 자체가 스폰서십을 잘 활용하는 것이 되기 때문이다.

그렇다면 알뜰하게 사용한다는 것은 어떤 것을 의미할까? 앞에서도 살펴본 바와 같이 기업은 인지도 제고, 콘텐츠로서의 활용, 브랜드 이미지 개선, 판매 촉진 활동, 그리고 호스피탈리티 등 다양한 목적을 위해서 스폰서십을 활용하는데, 이는 기업의 마케팅 팀뿐만 아니라 조직 내 다양한 부서에서 활용할 수 있는 경우가 많다. 따라서 기업 내부적으로 스폰서십의 홍보 활동을 많이 하여 기업 내 다양한 부서가 후원 권리를 최대한 많이 활용할 수 있도록 내용을 안내하고 활용을 장려하는 것이 스폰서십을 알뜰하게 활용하는 것이라고 할 수 있다. 또한, 부여받은 권리 사항을 빠짐없이 잘 사용하는 것도 스폰서십을 알뜰하게 사용하는 것이라고 할 수 있는데, 스폰서십을 운영하고 있는 많은 기업들이 다양한 이유로 후원 권리를 충분히 사용하지 못하고 버리는 경우가 많다. 이렇게 되는 이유를 살펴보면, 필요보다 많은 스폰서십을 운영하여 후원 권리를 남기게 되는 경우, 스폰서십을 활용할 예산을 확보하지 못하여 남기게 되는 경우, 구매한 스폰서십 대비 운영하는 담당자가 적어 남기게 되는 경우 등이 있다.

그렇다면, 에이전시나 원천 권리 소유자는 기업의 후원 담당자들에게 어떤 역할을 기대할까?

수많은 제안과 거절은 스폰서십 세일즈맨의 숙명과도 같은 일이지만, 그래도 후원사와 스폰서십 세일즈맨 간의 상생의 관계를 유지함으로써 그 과정이 좀 더 보람되고 즐거운 일이 될 수 있는데, 이를 위한 기업 후원 담당자의 역할은 매우 중요하다. 기업의 후원 담당자는 기업의 사업 전략과 마케팅 방향에 대한 명확한 이해를 바탕으로 해당 목적을 달성하기 위한 충분한 고민을 한 후, 해당 내용에 대해 에이전시와 원천 권리 소유자에게 적절한 OT (Orientation)를 함으로써 스폰서십 세일즈맨으로부터 불필요한 제안을 줄이고 목적에 맞는 스폰서십을 확보할 수 있다. 이러한 행위는 대행사

여기서 잠깐, OT(오티)는 무엇인가?

영어로 Orientation(오리엔테이션)의 약자인 OT는 광고주가 광고 대행이 필요한
사항에 대해 대행사에게 설명해주는 행위로서 통상적으로 광고주의 대행사에 대한
광고 의뢰 행위를 말한다. OT는 주로 RFP(Request for Proposal, 제안 요청서)를
작성하여 문서로 전달하는 경우와 대면 미팅을 통해 구두로 전달하는 방법 두 가지가
주로 쓰인다.

와 원천 권리 소유자의 기업에 대한 이해를 높여 적합하지 않은 제안을 하
지 않는 등의 시간을 절약한다는 점에서 큰 의미가 있으며, 스폰서십 담당
자 입장에서도 불필요한 제안을 검토하는 노력과 시간을 절약할 수 있다는
점에서 많은 도움이 된다. 또한 기업의 후원 담당자는 에이전시나 원천 권
리 소유자 입장에서 브랜드와 가장 밀접하게 커뮤니케이션을 진행하는 사
람으로서 추진하고 있는 스폰서십에 대한 내부 분위기 등을 시기 적절하게
공유함으로써 상호간의 시너지를 내는 역할을 한다.

사실 스폰서십은 이를 구매하는 스폰서와 판매하는 원천 권리 소유자
만으로도 직접적인 거래가 가능한데, 중간에 이를 대행하는 에이전시가 있
는 이유는 무엇일까? 에이전시는 어떤 활동을 하며, 스폰서십의 생태계에서
어떤 역할을 할까?

앞에서도 간략히 살펴보았지만 스포츠 마케팅 에이전시의 가장 대표적
인 활동 두 가지는 스폰서십 판매 및 구매 중개와 스폰서십 운영 대행인데,
여기서는 이 두 가지 활동의 필요성에 대해서 자세히 살펴보자.

스폰서십을 찾는 기업의 후원 담당자는 여러 가지 측면에서 에이전시의
도움이 필요한 것이 사실이다. 스폰서십 담당자는 기업의 후원 목적에 맞는
스폰서십을 찾기 위해서 다양한 종류의 후원 활동에 대해 검토해야 하는데,

담당자가 모든 원천 권리 소유자들을 직접 하나하나 만나 보면서 해당 스폰서십이 기업의 목적에 맞는지를 검토하는 것은 물리적으로 무리가 있다. 특히나 후원 기업에서는 스폰서십 담당자가 스폰서십 이외의 다른 마케팅 커뮤니케이션 업무도 진행하고 있는 경우도 있어서 담당자가 직접 다양한 스폰서십을 하나하나 검토하는 데는 많은 제약이 따른다. 따라서 후원 기업의 담당자가 적절한 OT를 준비하여 에이전시에게 브리핑을 하면, 에이전시가 스포츠 마케팅 전문가로서 조직력을 발휘하여 해당 기업에게 맞는 스폰서십을 제안하는 프로세스를 많이 따른다. 가정에서 소비자가 과자를 구매하는 프로세스를 생각해보면 소비자가 과자를 제조사에서 직접 구매하지 않고, 소비자가 이용하기 쉬운 근처의 마트 등의 유통 채널을 통해서 구매하는데, 스폰서십의 판매와 구매도 에이전시라는 유통을 통해서 이루어진다고 생각하면 쉬울 것이다.

한편, 기업의 후원 담당자는 스포츠 마케팅 전문가가 아닌 경우가 많아 스포츠 전문가인 에이전시의 도움이 필요하다. 원천 권리 소유자나 에이전시에서 활동하고 있는 대부분의 인력은 스포츠 마케팅을 전공하거나 관련 학과를 졸업한 경우가 많은 반면, 기업의 후원 담당자는 경영 관련 학과나 광고/홍보 관련 학과를 졸업한 경우가 많고, 직무 순환 등의 이유로 스포츠 마케팅에 대해서 원천 권리 소유자나 에이전시 대비 상대적으로 전문성이 떨어지는 경우가 있다. 따라서 직접 원천 권리 소유자를 만나서 협상을 진행하게 되면 정보나 전문성의 부재로 효율적인 협상이 진행되기 어려운 경우가 있다. 이 때, 스포츠 마케팅 에이전시는 스포츠 전문가로서 기업의 후원 담당자에게 적절한 조언을 해줄 수 있으며, 협상에 있어서 중간 조율자로서 역할을 하게 된다. 비슷한 이유로 기업의 후원 담당자는 스폰서십 구매 후 운영을 하는 데 있어서도 에이전시의 도움이 필요한데, 이 경우에는 후원사와 에이전시가 리테이너 계약을 맺고 후원 권리의 활용에 대한 전반적인 기획과 운영에 대해 에이전시로부터 제안을 받고 실행한다. 기업의 후원 운영 담당자에게 있어서 리테이너 계약의 가장 큰 장점은 개별 권리 사항을 Activation(액티베이션) 하는 데 있어서 별도의 대행 계약을 체결할 필요 없이 한 번의 Turn-key(턴키) 계약으로 해결이 가능하다는 것이다. 후원 권리 사항은 수십가지가 넘는 경우가 많아서 개별 권리 사항의 기획 및 실행에 대해 후원사와 에이전시가 별도의 계약을 진행하는 경우 후원사의 담당자는 각기 다른 계약의 체결과 권리 사항의 설명에 많은 시간을 쏟는 동시에 다양한 권리 사항을 조합한 형태의 후원 권리 Activation에 대해서도 별도의 고민을 해야 하기 때문에 업무 효율성이 떨어지게 된다. 이렇게 후원 기업은 에이전시에게 스포츠 전문가로서 시장과 후원 권리에 대한 객관적이고도 전문적인 조언을 해줄 것을 기대한다.

Activation(액티베이션)이란?

Activation이란 '활성화'를 뜻하는 단어로 스폰서가 구매한 후원 권리를 실제 마케팅 활동으로 활용하는 것을 말한다. 예를 들어, A회사가 B구단을 후원하고 있다고 할 때, A회사가 B구단의 경기 관람권을 후원 권리로 가지고 있고, 이를 A회사가 소비자 응모 프로모션에 활용했다면, 여기서 소비자 응모 프로모션이 이 후원 권리의 Activation이 되는 것이다. 다른 마케팅 커뮤니케이션 활동과는 다르게 스포츠 마케팅에서 Activation이라는 단어를 사용하는 이유는 이 단어가 비활성화되어 있는 후원 권리를 실제로 활성화시킨다는 뜻을 내포하기 때문이다.

Turn-key(턴키) 계약이란?

우리말로는 '일괄 도급식 계약'이라고 불리는 Turn-key 계약이란 공장이나 발전소 등의 건설 계약에서 주로 사용하는 용어로서 자금 조달부터, 기획, 설계, 시공까지 프로젝트 전체를 포괄하는 계약을 말한다. 영어 단어의 조합은 열쇠를 돌리기만 하면 공장이 돌아간다는 의미를 담고 있으며, 발주자 입장에서는 열쇠를 받을 때까지 모든 것을 수주자에게 맡기는 계약을 의미한다. 스폰서십 권리 사항 운영에 있어서 후원사와 에이전시의 턴키 계약이란 후원사가 해당 스폰서십의 권리 사항을 기획하고 운영하는 것을 특정 에이전시에게 일괄 요청하는 것을 말한다.

직무 순환(Job Rotation)이란?

'순환 보직'이라고도 불리는 '직무 순환'이란 기업의 한 구성원이 여러 직무를 차례로 경험하도록 하여 능력과 자질을 높이는 기업의 인재 육성법의 하나이다. 조직의 구조상 평사원에서 경영진으로 올라갈수록 인원은 적어지고 담당하는 업무 영역은 넓어지기 때문에 기업에서는 육성할 인재들을 선발하여 미리미리 다양한 직무를 경험하게 한다. 이 개념은 회사의 미래 경영자를 키우기 위해 인재를 육성한다는 점에서 단순 배치 전환과는 차이가 있다.

스폰서십을 판매하는 원천 권리 소유자 입장에서도 스포츠 마케팅 에이전시 도움이 필요한데, 이 경우는 스폰서십의 판매에 관련된 도움을 받게 된다. 후원 기업이 스포츠 마케팅 에이전시의 도움이 필요한 것과 마찬가지로 원천 권리 소유자도 무수히 많은 스폰서들의 니즈를 모르는 상태에서 일일이 잠재적인 스폰서를 찾아다니기에는 물리적으로 많은 제약이 따른다. 하물며 업무의 효율성은 말할 필요도 없다. 따라서 스포츠 팀 등의 원천 권리 소유자도 스포츠 마케팅 에이전시에 자신들이 판매할 후원 권리에 대해 판매 중개를 의뢰하고, 에이전시는 해당 후원 권리를 구매할 후원사를 찾는 역할을 수행한다. 원천 권리 소유자가 단순한 후원 권리 사항의 판매 중개

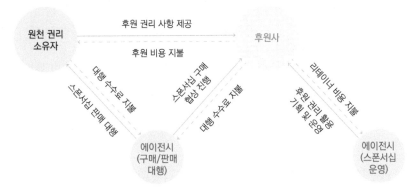

스포츠 마케팅 이해관계자 간 관계도

행위 이외에도 스포츠 마케팅 에이전시에게 기대하는 역할은 후원 기업이 에이전시에게 기대하는 역할과 마찬가지로 양자 간의 합리적인 조율자 역할인데, 후원사가 스폰서십을 추진하려는 목적, 그리고 후원 가능한 금액 등에 대한 명확한 파악 및 원천 권리 소유자 입장에서 받아들이기 어려운 후원사의 요구 사항에 대해 적절히 대응하는 것 등이 그것이다.

광고주는 에이전시에 무엇을 기대할까?

이번에는 스포츠 마케팅 이해관계자의 영역을 더 좁혀 이 책의 핵심인 광고주에게 잘 팔리는 제안서를 만들기 위해 스폰서십을 구매하는 주체인 광고주가 제안서를 작성하는 주체인 에이전시에게 무엇을 기대하는지 좀 더 구체적으로 살펴보자.

앞에서 스포츠 마케팅 에이전시의 활동과 역할에 대해서 살펴보면서 스폰서십의 중개인으로서 후원사나 원천 권리 소유자 양쪽 모두의 입장에서 에이전시에게 기대하는 사항들에 대해서 개략적으로 알아보았다면, 여기서는 후원사 측에서 에이전시에 기대하는 사항에 대해 구체적으로 파고 들어가 보고자 한다.

우리가 업무 상 인적 네트워크를 형성하면서 좋은 파트너를 찾을 때 통상적으로 상대방의 업무에 대한 전문성과 업무에 임하는 자세를 살펴보듯이 스포츠 마케팅에 있어 후원사가 대행사를 찾을 때도 비슷한 기준이 적용

광고주가 에이전시에게 기대하는 사항

업무에 대한 전문성	업무에 임하는 자세
후원사와 아직 장기적인 관계를 형성하지 못한 에이전시의 대행 거래 성사에 중요하게 작용	**장기적 관계 유지로 광고주 니즈 발생 시, 수임 가능성 높아짐**

• 해당 스포츠 산업 전반에 대한 이해 및 다양한 스폰서십 운영 경험
• 인프라를 활용한 후원 권리 사항의 가치 및 가격 검증 능력
• 거래 규모, 인맥, 및 전략적 접근을 활용한 후원 권리 사항 및 단가 협의 능력
• 명확한 서비스 내용 및 비용 합리성
	• 시장 동향에 대한 주기적인 공유
	• 필요한 데이터 지원
	• 광고주의 요구 사항에 대한 긍정적 검토
	  – 어려운 사안이라도 먼저 검토 후 피드백 필요
	• 협상 및 운영에 있어서 적극적인 노력
	  – 추가 후원 권리 확보, 단가 협의 등
	  – 다양한 아이디어 제안

된다. 그렇다면 대행사의 전문성은 무엇을 의미하여, 이것은 스폰서십 세일
즈에 어떻게 도움이 될까? 업무에 대한 자세는 어떤 것을 기준으로 살펴보
며, 이것 또한 스폰서십 판매에 어떻게 도움이 될까?

먼저, 스포츠 마케팅 에이전시의 전문성에 대해 상세히 살펴보자. 스포
츠 마케팅 에이전시는 스폰서십의 중개인으로서 후원사보다 훨씬 많은 원
천 권리 소유자들을 만나며, 의뢰한 후원사 이외의 다른 다양한 후원사와
함께 협력하면서 스포츠 산업 전반에 대한 이해를 높이고 스폰서십의 운영
에 대한 다양한 사례들을 경험한다. 따라서 기업의 후원 담당자는 스포츠
산업의 전문가로서 그리고 스포츠 스폰서십 운영의 제언자로서 스포츠 마
케팅 에이전시의 역할을 기대한다.

기업의 후원 담당자도 데스크 리서치 등으로 스포츠 산업 전반에 대한
흐름 정도는 파악이 가능하지만 실질적으로 스폰서십을 추진하게 될 경우
각 종목별, 팀별, 선수별로 중점적으로 확인해야 할 사항과 주의해야 하는
사항까지는 알기 힘든 경우가 많아서 각 분야에서 많은 스폰서십을 운영하
고 있는 대행사의 도움이 필요하다. 예를 들어, 어떤 기업이 처음으로 골프
선수 후원에 뛰어들 경우, 기업에서는 선수를 통한 브랜드의 노출뿐만 아니

스포츠 마케팅 에이전시 네트워크

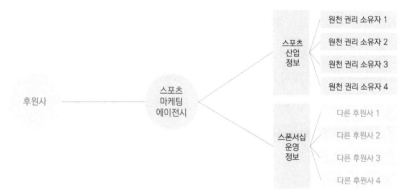

라 브랜드의 이미지 형성도 고려해야 하는데, 이를 위해 선수의 성적 이외에도 선수 생활이라든지 태도 등에 대해서 꼼꼼히 살펴본다. 하지만 이런 정보는 후원 기업이 모두 일일이 확인을 하기에는 무리가 있는 경우가 많다. 물론, 후원 기업에서 골프 마케팅을 위한 팀을 만들고 여기에 전문가 집단을 영입하여 그 업무를 전담으로 진행한다면, 대행사의 도움 없이 직접 진행을 할 수도 있지만, 아직 해당 후원 활동으로 효과를 보지 못한 기업의 경우 이러한 조직을 꾸리기에는 내부적으로 어려울 수 있기 때문에 후원 초기에는 에이전시의 도움을 받는 것이 통상적이다.

스폰서십의 운영에 있어서도 스포츠 마케팅 에이전시는 다양한 후원 기업의 업무를 맡아서 진행하는 경우가 많아서 본인의 기업만을 위해 고민하는 기업의 후원 담당자에 비해 다양한 케이스를 접할 수 있고, 좀 더 열린 사고로 스폰서십 활용 아이디어를 내놓을 수 있기 때문에, 기업의 후원 담당자는 스포츠 마케팅 에이전시로부터 많은 도움을 받을 수 있다. 특히 기업의 후원 담당자는 항상 경쟁사의 동향을 내부에 보고해야 되는 상황으로 상대적으로 이러한 정보에 쉽게 접근할 수 있는 대행사의 도움은 매우 크다고 할 수 있다. 물론, 광고주의 기밀 정보 유출을 방지하기 위해 하나의 대행사에서 같은 카테고리(제품군)에 속하는 후원사들의 대행을 맡지 않는 경우가 많고, 외부에 공개되지 않은 후원 권리나 금액 등 민감한 내용에 대해서는 광고주의 경쟁사에게 공유하지 않지만, 큰 규모의 대행사 경우는 조직을 나누어 같은 카테고리 내 여러 광고주를 대행하는 경우도 있고, 대행 업계 내의 다양한 인적 네트워크를 통해 대행사에서의 정보 공유가 후원 기업 간의 정보 공유보다는 상대적으로 유연한 경우가 많아 대행사를 통해 후원 기업 경쟁사의 대략적인 정보를 확인할 수 있는 경우도 있다.

데스크 리서치(Desk Research)란?

데스크 리서치는 영어로 책상을 뜻하는 Desk와 연구 및 조사를 뜻하는 Research 의 조합으로 책상에서 조사하는 행위를 말한다. 이 개념은 현장 조사를 뜻하는 필드 리서치(Field Research)와 상반되는 개념으로 본격적인 조사에 착수하기 전 기본 적인 내용들에 대해 숙지하기 위한 조사를 말하며, 기본적인 내용을 조사하기 때문 에 베이직 리서치(Basic Research, 기초 조사)라고도 한다.

한편, 스포츠 마케팅 에이전시는 다양한 사례들을 검토하면서 수집한 정보를 이용해 스폰서십의 가치를 검증하기 위한 자체적인 툴(Tool, 도구)을 구축해 놓는 경우가 있다. 후원 기업의 담당자는 이렇게 스포츠 마케팅 에 이전시가 구축해 놓은 인프라를 통한 스폰서십의 가치 및 가격을 검증하는 능력에 대해 기대하고 대행사의 도움을 요청하는 경우도 있다. 예를 들어, 세계적인 스포츠 마케팅 에이전시의 경우 원천 권리 소유자가 제안하는 스 폰서십 패키지(후원 권리 사항 모음) 내 권리 사항들에 대해 하나하나 금액으 로 가치를 책정하는 도구들을 개발해 놓고 스폰서십의 적정 가격을 평가하 여, 제안된 스폰서십 금액이 과한지 적당한지를 평가하여 후원 기업에 제공 한다. 후원 패키지에 경기장 내 LED 광고 보드 5분, 디지털 홈페이지 배너 10일, 경기 관람 티켓 20장이 있다면, 이것들 각각의 가치를 측정하여 합한 후 제안된 후원 금액과의 비율이 얼마인지 살펴보고 그 비율의 높고 낮음에 대한 의견을 전달하는 형태다. 물론, 개발해 놓은 툴의 객관성에 대해서는 간혹 의문의 여지가 있으나, 스폰서십을 구매하는 후원 기업 입장에서 하나 의 기준을 가지고 평가해 볼 수 있다는 점은 엄청난 도움이 되기 때문에, 스 폰서는 가능하다면 이러한 서비스가 준비된 스포츠 마케팅 에이전시로부터 도움받기를 선호한다.

사실 스폰서가 스포츠 마케팅 에이전시에게 스폰서십 구매 대행을 의뢰하면서 기대하는 가장 중요한 사항은 좋은 스폰서십 패키지를 합리적인 가격에 구매하는 것이다. 앞에서 이야기한 것처럼 대행사는 스폰서십을 분석하는 전문적인 툴과 다양한 사례를 바탕으로 한 전문가 집단이기 때문에 스폰서십의 협상에 있어서도 다양한 전략을 통해 같은 가격에 더 많은 후원 권리를 확보한다든지 또는 같은 후원 권리를 더 저렴한 가격으로 취득한다든지 등의 성과를 거두고 있다. 물론, 스포츠 마케팅 에이전시가 스폰서를 위해 원천 권리 소유자와 협상을 진행하기 위해서는 스폰서가 별도의 비용을 들여 협상 계약을 체결해야 하지만 통상적으로 협상을 통한 스폰서십 비용의 할인이 스폰서십 협상의 비용 대비 많이 큰 편이기 때문에 후원 규모가 큰 계약의 경우 스포츠 마케팅 에이전시를 통해서 비용 협상을 진행하는 경우가 많다. 이런 경우 스폰서는 기본적인 협상에 따른 고정 수수료 및 비용 할인에 따른 보너스 수수료를 스포츠 마케팅 에이전시에 지불한다. 이렇게 원천 권리 소유자와의 스폰서십 계약 협상에 있어서 스포츠 마케팅 에이전시가 후원사에 비해 유리한 이유는 스포츠 마케팅 에이전시의 거래 물량이 후원사의 거래 물량보다 많다는 점이다. 우리가 일상 생활에서도 대량 구매를 하면 할인을 받듯이 스포츠 마케팅 에이전시도 다량의 후원 계약을 중개하기 때문에 원천 권리 소유자 입장에서 스포츠 마케팅 에이전시가 더 많은 거래를 소개해 줄 것을 기대하기 마련이고, 이러한 기대감 속에 추가 권리 사항을 제공한다든지 후원 비용을 할인하든지 등의 혜택을 조금 더 쉽게 제공한다.

끝으로 스포츠 마케팅 에이전시의 명확한 서비스 항목 구성과 비용 합리성은 해당 스포츠 마케팅 에이전시가 얼마나 전문적인지를 보여주는 지표가 되는데, 구조적으로 잘 짜여 있고 상세하게 작성된 SOW(에스오더블유)를 통해 스폰서에게 신뢰를 줄 수 있다. 스폰서십 협상을 대행하는 대행사의 SOW는 크게 서비스 부문과 비용 부문으로 나뉘며, 서비스 부문은 대체로 협상 단계와 계약서 작성, 두 단계로 나누어 구성이 된다. 계약서에는 협상이 끝난 내용이 그대로 반영될 텐데 왜 두 단계로 나누는 것일까? 사실 스폰서십의 협상 단계에서는 세세한 권리 사항까지 모두 협의하는 경우는 잘 없고, 큰 틀에서 중요한 사항들 위주로 권리 사항을 정하고 그에 맞는 금액을 정한 후, 실제로 계약서를 작성하면서 권리 사항의 사용 조건 등에 대해 하나하나 상세히 들여다보기 때문에 SOW도 이에 맞춰 두 단계로 구분되어 있는 경우가 많다. 한편, 스폰서십 운영을 대행하는 대행사의 SOW 역시 서비스 부문과 비용 부문의 두 가지 부문으로 나뉘며, 서비스 부문은 다시 후원 권리 활용 기획 업무, 후원 권리 운영 업무, 그리고 콘텐츠 생산 업무 등으로 나뉜다.

SOW(에스오더블유)란?

SOW는 Scope of Work의 약자로 우리말로 직역하면 '업무 영역'이다. 컨설팅 또는 대행 업무 등 서비스업에서 많이 쓰는 용어로 우리말로는 '서비스 항목'으로 불리는 경우가 더 많으며, 대행 업무의 범주를 상세하게 항목으로 나열해 놓은 일종의 업무 상세사항이다.

스폰서십 협상에 있어서 SOW 구성 예시

구분	상세
제공하는 서비스 항목	• 1단계: 스폰서십 협상 – 제안된 스폰서십 권리 사항 가치 분석 – 협상 전략 수립 – 원천 권리 소유자와 협상 진행 및 후원사 의사 결정 지원 • 2단계: 계약서 작성 – 제안된 후원 권리 사항이 계약서에 잘 기술되어 있는지 확인 – 기술된 후원 권리 사항의 상세 의미 파악 및 양자 간 견해 차이 조정
비용 체계	• 협상 인력 구성 • 인력 투입 일수 • 협상 인력의 등급별 단가

스폰서십 운영에 있어서 SOW 구성 예시

구분	상세
제공하는 서비스 항목	• 후원 권리 활용 기획 업무 　– 후원 권리 활용 프로세스 정립 　– 권리 사항 활용에 대한 후원사 내부 인력 교육 　– 후원 권리 Activation 로드맵 및 예산안 수립 　– 스폰서십 운영 대행 KPI 수립
	• 후원 권리 운영 업무 　– 후원 권리 세부 활용 방안 기획 및 운영 　– 권리 사항 사용 승인 절차 수행 및 실 집행 여부 모니터링 　– 후원사 내부 부서별 후원 권리 사용 요청 사항 점검 및 실행
	• 콘텐츠 생산 업무 　– 브랜드 스토리텔링 콘텐츠 기획 　– 크리에이티브 콘셉트 개발 　– 광고물 제작
비용 체계	• 운영 인력 구성 • 월별 인력 투입 일수 및 기간 • 운영 인력의 등급별 단가

이러한 스포츠 마케팅 에이전시의 전문성은 아직 서로에 대한 장기간의 검증을 하지 못한 스폰서와 대행사 간 스폰서십 협상 대행 및 스폰서십 운영 대해 거래의 성사에 있어서 매우 중요한 역할을 한다.

로드맵(Road Map)이란?

영어 단어 뜻 그대로 해석하면 '도로 지도'인 로드맵은 기업 내부에서 많이 활용하는 단어로서 어떤 일의 계획에 대해서 시계열적으로 자세하게 표현한 것을 말한다. 예를 들어, 스포츠 마케팅 담당자에게 '중장기 스포츠 마케팅 로드맵'을 그려보라는 업무 지시는 회사의 전략 방향에 맞는 스포츠 종목 구성부터, 팀, 선수까지 시계열적으로 어떻게 운영할지에 대한 전반적인 계획을 세워보라는 말이다.

KPI(케이피아이)란?

KPI는 영어로 Key Performance Indicator의 약자로 우리말로 '핵심 성과 지표'로 해석된다. 회사에서 하는 모든 업무는 달성해야 할 목표가 있으며, 이 목표는 구체적으로 지표화하여 관리하는데, 여기서 하나하나의 구체적 지표 또는 그 지표의 합이 KPI가 된다. 여기서 언급한 KPI는 후원사가 스폰서십 운영의 대행을 스포츠 마케팅 에이전시에 맡기면서 에이전시가 달성해야 할 목표라고 볼 수 있다.

다음으로는 스포츠 마케팅 에이전시의 자세를 살펴보는 기준들에 대해 상세히 살펴보자.

앞에서 언급한 바와 같이 후원 기업의 스포츠 마케팅 담당자는 스포츠 마케팅 이외에도 광고나 홍보 등 다른 업무를 병행하는 경우가 많아 스포츠 마케팅에 대한 시장 동향을 주기적으로 찾아보기 어려운 상황이 많다. 한편, 스포츠 마케팅 에이전시는 스폰서십 시장의 유통 채널과 같은 역할로서 늘 시장에 귀 기울이고 있으며 다양한 원천 권리 소유자와 후원 기업들을 만나면서 외부에는 공개되지 않은 많은 배경 정보까지도 접하게 되는데, 후원 기업의 스폰서십 담당자들은 스포츠 마케팅 에이전시의 이러한 주기적인 정보 공유에 의존하는 경우가 많다. 현재 후원사와 에이전시 간에 직접적인 거래가 없다고 하더라도 이러한 주기적인 정보 공유를 통해 에이전시는 잠재 후원사와 네트워크를 형성할 수 있는 기회를 마련할 수 있으며, 후원사 입장에서도 업계 동향에 대해 주기적으로 업데이트 해주는 스포츠 마케팅 에이전시에게 다른 에이전시에 비해 더 많은 일을 의뢰하게 된다.

후원 기업의 스포츠 마케팅 담당자는 스포츠 후원 검토를 위해 각종 데이터를 활용하게 되는데, 이 경우도 에이전시의 도움을 받아 작업이 용이해지는 경우가 많다. 대규모의 프로젝트를 제외한 일반적인 후원 검토의 경우 기업의 후원 담당자가 데스크 리서치를 통해 스포츠에 대한 자료를 조사하는 경우가 많다. 스포츠 마케팅 에이전시는 데스크 리서치로 얻을 수 있는 기본적인 정보 이외에도 좀 더 세부 사항들에 대해 미리 정리를 해 둔 경우가 많아 그러한 자료를 제공함으로써 기업의 스포츠 마케팅 담당자의 업무 효율성을 높이는 데 도움을 줄 수 있다. 예를 들어, 기업에서 축구에 대한 후원 검토가 필요한 경우, 축구 시장 성장 추이, 참여 인구, 리그, 시즌 기간, 참여 팀, 팀 성적, 팬 수, 관람객 수, 중계 방송 현황 등 축구 시장의 전반적인 정보가 필요한데 데스크 리서치로 대응하기에는 시간이나 정보가 부족한 경우가 많아 기업의 담당자는 좋은 관계를 유지하고 있는 스포츠 마케팅 에이전시에 해당 자료의 도움을 요청하는 경우가 있다. 대행사 입장에서 아무런 자료가 없을 시에는 요청된 자료를 제공하지 못하는 경우도 있지만 대행사가 이러한 자료를 제공함으로써 해당 후원 기업에게 다른 스폰서십을 제안한다든지 등의 기회를 추가로 만들 수 있어서 스포츠 마케팅 에이전시들은 통상적으로 자료를 제공하기 위한 협조적인 자세를 유지한다.

끝으로 스포츠 마케팅 에이전시가 보여주는 후원사에 대한 협조적인 자세는 기업 후원 담당자로 하여금 해당 에이전시를 한 번이라도 더 찾게 만드는데, 스폰서로부터 요청받은 일에 대해 우선 긍정적으로 검토하는 방향을 가지고 일을 추진하는 에이전시는 잠재적 후원 기업과 더 많은 접촉 기회를 만들 수 있다. 또한 협상이나 운영 업무의 대행에 있어서도 후원 기업보다 더 많은 고민과 노력으로 후원 기업에 더 많은 권리 사항을 가져다주거나, 비용을 낮추거나, 후원사가 생각해보지도 못한 좋은 아이디어들을 제안하는 것은 후원사와 스포츠 마케팅 에이전시 간에 긍정적인 관계로 이어져 장기적으로 더 많은 성공 사례를 만드는 발판이 된다.

사실 위에 나열한 내용들은 어떤 업무에 있어서도 상대방과 긍정적인 관계를 위해 필요한 부분이지만 후원사와 스포츠 마케팅 에이전시 관계에

스포츠 마케팅, 광고주에게 팔리는 제안서

있어서 필요한 부분들을 좀 더 구체화시켜본 것이다. 스포츠 마케팅 에이전시 입장에서 수익이 나지 않는 상황에서 이러한 태도를 꾸준히 유지하기는 힘든 사항이며, 후원 기업 입장에서도 이러한 요청을 무리하게 할 수 없으나 적절한 선에서의 상호간 장기적인 협력은 후원사에서 실제 니즈가 발생했을 때 해당 스포츠 마케팅 에이전시가 업무를 맡아 진행하게 되는 강력한 발판이 된다.

03
광고주가 기대하는
제안서의 구성

저자가 수많은 스폰서십 판매 제안서를 리뷰하면서 아쉬웠던 부분은 상당수의 제안서가 원천 권리 소유자에게 유리한 정보 위주로 편향된 정보만 담고 있다는 것이다. 따라서 기업의 후원 담당자들은 전체적인 관점에서 리뷰를 위해서 담당자 스스로 추가적인 조사를 하거나 제안서를 제공한 스포츠 마케팅 에이전시나 원천 권리 소유자에게 추가적으로 문의를 해서 부족한 부분을 별도로 채워야 하는 경우가 많다. 하지만 이런 방식은 판매하는 쪽과 구매하는 쪽 모두에게 있어서 에너지 소모가 크다. 물론, 제안을 하는 입장에서 시간의 부족, 정보의 부재, 제안하는 스폰서십의 장점 강조 등의 이유로 스폰서십 제안의 초기에 종합적인 분석을 제공하지 않기도 한다. 그렇지만 제안을 받은 기업의 후원에 대한 의지를 어느 정도 확인한 후에는 후원사에서 스폰서십에 대한 의사결정을 잘 할 수 있도록 최대한 전체적 관점에서 제안서를 구성하여 제공하는 것이 모두에게 있어서 효율적인 선택이 될 수 있다. 제안하는 스폰서십이 비교 대상에 대해 특정 부분에 있어서 다소 열세한 측면이 있다고 하더라도 그 부분을 어떤 식으로 보완할지에 대해 충분한 설명이 이루어진다면 그 제안은 매력적인 제안이 될 수 있기 때문이다. 예를 들어, 원천 권리 소유자가 스폰서의 니즈에 최대한 협조하는 마케팅 전략을 구사한다든지, 스폰서십 비용을 상대적으로 저렴하게 책정한다든지, 추가적인 권리를 더 많이 준다든지의 방법으로 해당 스폰서십을 더욱 매력적인 아이템으로 만들 수 있다. 그렇다면 전체적인 관점에서의 제안서라는 것은 어떻게 구성되어 있으며, 세부 항목은 어떻게 작성해야 할까? 여기서는 기업이 가장 흔하게 접하는 후원 형태인 '특정 국가의 스포츠 리그 또는 팀 후원에 대해 스포츠 마케팅 에이전시가 제안을 하는 상황'을 통해 제안의 흐름은 어떻게 만들어야 하며, 각 항목 별로 세부 내용은 어떻게 구성해야 하는지를 살펴보자.

스포츠 마케팅, 광고주에게 팔리는 제안서

제안의 흐름

여기서 다루고자 하는 제안의 흐름은 통상적인 제안서의 흐름인데, 먼저 숲을 보고 이어서 나무를 보는 방식으로 큰 것부터 세부적인 것으로 들어가는 접근을 하고 있다. 하지만 여기서 한 가지 강조하고 싶은 부분은 제안의 흐름을 지키는 것도 중요하지만 이 흐름을 구성하는 항목들이 누락되지 않게 하는 것인데, 일반적으로 다음과 같은 내용들이 모두 갖춰져 있어야 후원사 내부적으로 검토가 가능하기 때문이다.

- 주요 스포츠 현황
- 스포츠 종목 비교
- 경쟁사 후원 현황
- 후보 종목 상세 분석
- 팀 상세 정보
- 후원 권리 및 비용
- 에이전시 의견

특정 종목의 스포츠 팀의 후원 권리를 판매한다고 하여도 그 시장 내 전반적인 스포츠 현황부터 살펴보는 것이 중요하다. 앞에서도 다뤘던 것과 같이 후원 기업의 스포츠 마케팅 담당자, 그리고 더 나아가 스포츠 마케팅 담당자가 보고를 해야 하는 의사 결정권자들은 대부분 스포츠 마케팅업에 종사하지 않는 경우가 많기 때문에 해당 국가 내에서 스포츠 전반적으로 현재 인기가 어떤지, 어떤 종목이 인기가 많으며, 대회가 열리는 기간은 언제이고, 어떤 종목이 빠르게 성장하고 있는지 등에 대해서 정확하게 파악하고 있지 못하다. 기업의 후원 담당자든 의사 결정권자든 대부분 자신의 개인적인 경험을 바탕으로 스포츠 산업 전반이나 특정 스포츠 종목에 대해 편향된 시각을 가지고 있을 수 있기 때문에 이러한 스포츠 시장의 전반적인 상황에 대한 브리핑은 이들로 하여금 스포츠 시장 전체를 조금 더 객관적으로 볼 수 있게 만드는 역할을 한다.

해당 국가의 스포츠에 대한 전체적인 현황 및 트렌드에 대한 소개가 끝나면 광고주의 스포츠 마케팅 활용 목적에 따라 각 스포츠 종목에 대한 비교가 필요하다. 이 작업은 광고주에게 있어서는 광고주의 마케팅 목적에 적합한 후원 종목을 찾아내기 위한 일이며, 제안을 하는 스포츠 마케팅 에이전시 입장에서는 제안하는 종목이 스폰서에게 맞는 종목인지를 검증하고 최종 제안 여부를 결정하는 판단의 중요한 지표가 된다. 앞의 '기업은 스포츠 마케팅을 어떻게 활용할까?'에서 살펴본 바와 같이 기업은 인지도 제고, 콘텐츠 생성, 호스피탈리티, 브랜드 이미지 형성 및 판매 촉진 활동의 목적을 가지고 스포츠 스폰서십을 진행하게 된다. 역시나 앞의 '기업은 어떤 기준으로 스포츠 스폰서십을 평가할까?'에서 살펴본 바와 같이 기업은 연중 지속성, 종목 및 팀 성장 추이, 마케팅 활용성 및 화제성, 기업의 이미지 및

타깃 적합성, 및 기업의 예산 대비 스폰서십 가격의 적정성 등을 비교하여
다양한 종목의 스포츠 중 가장 적합한 스포츠 종목들을 추리게 된다.

기업은 스포츠 마케팅을 어떻게 활용할까?

- 인지도 제고
- 콘텐츠 생성
- 호스피탈리티
- 브랜드 이미지 형성
- 판매 촉진 활동

기업은 어떤 기준으로 스포츠 스폰서십을 평가할까?

- 연중 지속성
- 성장 추이
- 활용성 및 화제성
- 이미지 및 타깃 적합성
- 기업 예산 대비 스폰서십 가격 적정성
- 제공되는 후원 권리 사항의 가치 대비 스폰서십 가격 적정성

한편, 후원사에게 있어서는 후원사의 경쟁사가 특정 스포츠 종목에 후
원사로서 참여하고 있는지, 참여한다면 어느 정도로 후원을 하고 있는지 등
도 매우 중요한 정보가 되는데, 해당 종목에 이미 후원사의 경쟁사가 진입
하고 있다는 것은 해당 스포츠 종목이 동종 업계에서 중요한 스포츠 마케팅

블루오션(Blue Ocean)이란?

블루오션 전략(Blue Ocean Strategy)은 프랑스 유럽경영대학원 인시아드의 김위찬 교수와 르네 모보르뉴(Renee Mauborgne) 교수에 의해 1990년대 중반부터 제창되고 2005년에 출판된 기업 경영전략론으로서 '차별화를 통해 경쟁이 없는 새로운 시장을 창출하는 경영 전략'을 말한다. 블루오션 전략은 경쟁의 원리에서 벗어나 발상의 전환을 통해 고객이 모르는 전혀 새로운 시장을 창출해야 한다는 전략으로 '이미 경쟁이 치열한 시장'인 레드오션(Red Ocean)과 대비되는 개념이다.

활동으로 인정을 받았다는 지표가 되는 동시에 경쟁사의 참여 정도에 따라 레드오션인지 블루오션인지를 판단하여 후원사가 해당 종목에 진입 여부를 결정할 수 있는 중요한 정보가 되기 때문이다. 따라서 제안을 함에 있어서 스포츠 종목별로 잠재적 후원사의 경쟁사 후원 현황을 파악해 두는 것은 효율적이고 성공적인 제안에 있어서 필수적인 사항이다. 통상적으로 원천 권리 소유자의 제안은 원천 권리 소유자의 강점과 제공하는 후원 권리에만 집중하는 경우가 많은데, 스포츠 스폰서십 시장을 구매자와 판매자 입장 모두의 좀 더 전체적인 관점에서 바라보는 에이전시 입장에서 이런 부분을 보완하여 제안한다면 원천 권리 소유자, 스포츠 마케팅 에이전시, 후원사 모두의 입장에서 조금 더 윈윈하는 전략이 될 수 있다.

어느 정도 전반적인 시장에 대한 분석이 끝났고, 후원을 해야 하는 스포츠 종목이 좁혀졌다면 최종 후원 종목 선정을 위해 앞에서 뽑은 후보 종목에 대한 상세 분석이 필요하다. 여기서는 앞의 스포츠 종목 비교에서 살펴본 사항들 이외에도 리그 운영 방식이라든지, 연간 경기 수, 경기 요일이나 시간대, 그리고 중계 방송 등 실질적인 운영에 영향을 미치는 세부 사항들에 대해서 설명하는 것이 필요하며, 각 후보 종목의 추진 방향과 함께 여러 가지 지표들을 재점검하여 '기회 요소'와 '위험 요소'를 파악한다.

한편, e스포츠와 같이 새롭게 떠오르는 종목의 경우 종목에 대한 단독 설명만으로는 이해가 어려운 부분이 많아 전통 스포츠와 비교해서 소개하는 것도 효과적인 방법인데, 이 부분은 뒤에서 상세히 다루도록 하겠다.

다음은 실질적으로 제안의 대상이 되는 팀에 대한 상세 정보를 기술한다. 팀에 대한 상세 정보는 이 팀이 다른 팀과 비교했을 때 상대적으로 얼마나 매력적인 팀인지를 보여주어야 하는데, 여기에는 팀의 성적, 주요 선수, 팀의 브랜드, 팀에서 운영하는 주요 매체, 그리고 현재 후원사 등이 포함될 수 있으며, 무엇보다도 스폰서의 브랜드에 영향을 미칠 수 있는 악재나 위험 요소 등이 있는지 분석하여 포함시키는 것이 중요하다. 이 부분 역시 원천 권리 소유자 입장에서는 원천 권리 소유자가 가지고 있는 장점만 부각하는 내용으로 제안서를 구성할 확률이 높으므로, 이를 대행하는 스포츠 마케팅 에이전시 입장에서 후원사를 위하여 다각도로 분석한 제안서를 별도로 준비하는 것이 필요하며, 이러한 철저한 준비를 통해서 후원사와 스포츠 마케팅 에이전시 간의 장기적인 신뢰 관계 및 계약 관계를 구축할 수 있다. 물론, 이미 한 번 구설수에 오른 팀의 경우는 원천 권리 소유자 입장에서 어떤 식으로 대응을 해 왔는지에 대한 내용을 자체적으로 구성하여 신뢰를 높이고자 하는 경우도 있다.

팀의 매력도에 대한 설명이 끝났으면 다음은 후원 권리의 매력도를 보여줄 차례다. 후원 권리 사항의 설명은 제안서의 앞부분에서 세일즈 포인트로 삼았던 사항들이 실제 후원 권리와 어떻게 연결되어 있는지를 보여주는 것이 중요한데, 기업이 스포츠 스폰서십을 어떻게 활용하는지 관점에서 카테고리화하여, 스폰서의 스폰서십 활용 목적에 맞는 사항이 강조되도록 표현하는 것이 좋다. 특히, 후원 권리의 활용에 대해 시각화 할 수 있는 경우, 사진이나 동영상 등으로 예시를 들어 후원 권리가 실제로 어떻게 활용될 수 있는지 보여주는 것이 후원사에게 조금 더 매력적으로 어필할 수 있다. 앞에서도 여러 차례 강조하였지만 스폰서십을 검토하는 기업의 후원 담당자는 후원 경험이 적거나 없는 경우가 많으므로 구체적인 설명을 예시와 함께 제공함으로써 후원 담당자의 이해를 높일 수 있으며, 이 후원 권리가 어떻게 스폰서십의 목적에 맞는지 친절한 설명을 통해 스폰서십 판매 확률을 높일 수 있다.

후원 비용의 경우, 판매자와 구매자 간 스폰서십의 필요성이 얼마나 공유되었는지에 따라서 제안서에 포함하는 경우도 있고 포함하지 않는 경우도 있는데, 비용 포함 여부는 대체로 원천 권리 소유자의 선택에 의해 결정된다. 통상적으로 원천 권리 소유자, 스포츠 마케팅 에이전시, 후원사 간에 NDA 계약을 체결한 후에 제안서를 공유한다고 해도 일일이 설명하기 힘든 구체적 권리 사항들과는 달리 후원 금액은 입소문을 탈 수 있기 때문에 후원 금액의 외부 유출을 꺼리는 원천 권리 소유자는 비용에 대해서는 미팅을 진행하면서 언급하는 경우가 많다.

끝으로 대부분의 제안서에서 누락되는 부분으로 후원사의 담당자로서 제안서에 꼭 포함되었으면 하는 부분은 제안하는 내용에 대해 전문가로서 스포츠 마케팅 에이전시의 의견을 제시하는 것이다. 이 부분은 제안을 대행하는 스포츠 마케팅 에이전시가 스포츠 마케팅에 대해 얼마나 전문적인 능력을 가지고 있는지를 알려주는 동시에 대행사가 후원사 입장에서 얼마나 고민하였는지를 보여주는 중요한 사항으로서 제안서의 신뢰도와 진정성을

NDA(엔디에이)란?

Non-disclosure Agreement의 약자인 NDA는 우리말로는 '기밀유지협약' 정도가 되는데, 기업 간 정보를 공유함에 있어서 정보가 외부로 유출되지 않도록 사전에 맞는 계약을 의미한다.

스포츠 마케팅, 광고주에게 팔리는 제안서

느끼게 해준다. 여기에 포함되는 내용은 제안하는 스폰서십이 스폰서의 다른 마케팅 활동과 어떻게 상호 보완적인 역할을 수행할 수 있을 것인지, 스폰서의 마케팅 활동 로드맵 상에서 해당 스폰서십이 어떤 역할을 할 수 있을 것인지, 스폰서십 구매 과정에 있어서 어떤 전략으로 임하면 좋을 것인지 등이다.

제안의 흐름

| 주요 스포츠 현황 | • 스포츠 종목 카테고리화 |

⬇

| 스포츠 종목 비교 | • 비교 지표 선정 및 후보군 도출 |

⬇

| 경쟁사 후원 현황 | • 광고주 경쟁사의 종목별 후원 현황 |

⬇

| 후보 종목 상세 분석 | • 최종 후원 종목 선정 |

⬇

| 팀 상세 정보 | • 성적, 유명 선수, 운영 매체, 후원사 등 팀 정보 |

⬇

| 후원 권리 | • 제안 패키지 내 주요 권리 사항 설명 |

⬇

| 의견 | • 전문가로서 후원에 대한 에이전시 의견 제시 |

스포츠 마케팅, 광고주에게 팔리는 제안서

주요 스포츠 현황

지금까지 스폰서십 판매 제안서의 구성 및 제안서의 전반적인 흐름을 알아보았다면 이제부터는 제안서를 구성하는 각 항목에 대해서 상세 내용은 어떻게 구성하는지, 이렇게 구성해야 하는 이유는 무엇인지, 그리고 주의할 사항은 무엇인지 등에 대해서 상세히 알아보자.

제안하고자 하는 종목과 팀에 상관없이 해당 국가의 스포츠 시장 전반적인 이해를 제고하는 데 있어서 주요 스포츠 현황에 대한 언급은 제안서에 있어서 필수적인 사항이다. 제안을 받는 스폰서는 전체를 보지 못하고 의사결정을 할 수도 있다는 불안감에 쌓여 있는 경우가 많기 때문에, 적어도 제안받는 스포츠 종목 및 팀이 전체 시장에서 어떠한 위치에 있는지 그리고 어떠한 역할을 하고 있는지를 스포츠 시장의 전체적인 관점에서 이해하기 원하는데, 해당 국가의 주요 스포츠 종목에 대한 소개가 이러한 의구심을 불식시키는 중요한 역할을 하게 된다. 물론, 제안하는 종목에 따라서 종목의 무게감이 다른 스포츠에 비해 월등히 떨어진다면 이러한 주요 스포츠 현

주요 스포츠 현황 - 카테고리화

구분	상세
내용 구성	• **현재 인기 스포츠** – 뷰어십, 중계권료, 상금 규모, 스폰서십 규모, 인기 선수 연봉 등으로 판단 • **급성장 스포츠** – 현재 인기 스포츠에는 들지 못했으나 빠르게 성장하여 후원사가 관심 가져볼 만한 스포츠 또는 잠재적 성장 가능성이 있는 스포츠 • **계절별 스포츠** – 기업의 제품과 서비스에 맞는 계절, 연중 지속성 검토에 활용
주의 사항	• 전체 스포츠 종목을 필요에 따라 '카테고리화'하여 정리하는 것이 필요 • 정성적인 평가 이외에 '정량적인 지표'를 바탕으로 구성

황을 제공하는 것이 스폰서십을 판매하는 자의 입장에서 다소 불리한 요소로 작용할 수 있지만, 앞에서도 언급한 바와 같이 제안서 상 주요 스포츠 현황을 언급하는 순서를 변경한다든지 타 종목 대비 우수한 포인트들을 함께 강조함으로써 이러한 불안 요소를 최소화 할 수 있다.

주요 스포츠 현황은 스포츠 종목 하나하나에 대한 자세한 언급보다는 전체적인 관점에서 몇 가지 주요 요소들을 '카테고리화'하여 보여주는 것이 핵심인데, 현재 인기 스포츠, 급성장 스포츠, 계절별 스포츠에 대해서 간략히 언급해 시장 전체적인 관점에서 누락이 발생하지 않도록 구성해 준다.

- 현재 인기 스포츠
- 급성장 스포츠
- 계절별 스포츠

현재 인기있는 스포츠 종목을 확인하는 방법에 대해서는 다음과 같이 그 기준이 매우 다양하게 적용될 수 있지만 스폰서십의 관점에서 전 세계적으로 가장 많이 사용하는 것은 뷰어십(Viewership) 또는 방송 중계권료이다. 이는 대부분 스폰서십이 해당 스포츠를 시청 또는 관람하는 팬 층을 대상으로 브랜드의 인지도나 선호도를 높이는 것을 목적으로 하는 경우가 많기 때문에, 이에 대해 직접적(뷰어십) 또는 간접적(중계권)으로 가치를 측정할 수 있는 이 두 가지를 주로 사용한다. 인기 선수 연봉의 경우 중계권료나 경기 티켓 판매 수익 등 전반적인 시장의 규모를 반영하기 때문에 인기 스포츠를

뷰어십(Viewership)이란?

Viewership은 우리말로 시청자 수 또는 시청자 층을 뜻하는 단어로 주로 방송의 특정 채널이나 프로그램을 보는 시청자 수를 나타낸다.

스포츠 마케팅, 광고주에게 팔리는 제안서

판별하는 지표로 사용할 수도 있으나 특정 선수의 연봉만 너무 높게 책정되는 등 선수별 편차로 인해 전체를 볼 수 있는 객관적인 자료로 사용하기에는 무리가 따르는 경우도 있다. 또한 실제로 스포츠를 체험하며 즐기는 인구인 국민 생활 체육 참여 인구도 현재 인기 스포츠를 판단하는 데 중요한 정보에 속하지만 물리적으로 장소 섭외, 인원 구성, 장비 구비 등의 이유로 직접 즐기지는 못하는 스포츠도 있기 때문에 스폰서십을 위한 인기 스포츠 파악에 있어서는 뷰어십이나 중계권료 대비 상대적으로 중요성이 떨어진다. 경기장 방문 인구의 경우도 스포츠 종목마다 경기장 크기나 경기의 빈도가 다르기 때문에 그 효과를 측정함에 있어서 전체적인 모수를 비교하기에는 무리가 있어 보인다. 한편, 종목별 팬 수도 해당 스포츠 종목의 인기 정도를 판가름하는 지표가 될 수 있으나, 스포츠의 인기에 대한 설문 조사가 전체적인 종목을 다루지 않는 경우가 많고, 조사 대상의 수도 적어 전체를 대변하기 어려운 경우가 많다. 소셜 미디어의 팔로워 등도 스포츠 리그, 팀, 선수별로 소셜 미디어를 활용하는 정도가 달라 인기 스포츠를 판단하기 위한 지표로 삼기 어려운 경우가 많다.

인기 스포츠 선정 기준
- 뷰어십(Viewership)
- 방송 중계권료
- 상금 규모
- 스폰서십 규모
- 인기 선수 연봉
- 국민 생활 체육 참여 인구
- 산업 시장 규모(시설 이용, 용품 판매 등)
- 경기장 방문 인구
- 팬 수

한편, 스포츠 스폰서십을 준비하는 기업은 후원하고자 하는 스포츠와 함께 성장하는 스토리텔링 등을 위해 현재 인기가 있는 스포츠 이외에도 잠재적으로 성장 가능성이 있거나, 현재 급성장하고 있는 스포츠 종목에 대한 후원을 추진하는 경우도 많이 있는데, 이러한 경우를 대비하여 급성장하고 있는 스포츠 종목에 대한 내용도 주요 스포츠 현황에 함께 포함하여 제안하는 것이 스폰서에게 더 큰 그림을 제공할 수 있으며, 스포츠 마케팅 에이전시 입장에서도 경쟁이 치열한 현재 인기 스포츠 이외에 타 종목을 함께 보여줌으로써 더욱 다양한 스폰서십 세일즈 기회를 엿볼 수 있다. 잠재적 성장 가능성이 있거나 급성장하는 스포츠 종목이 스폰서에게 있어서 매력적인 또 다른 이유는 해당 종목이 아직 스폰서십의 경쟁에 있어서 치열하지 않은 상황이기 때문에 상대적으로 후원 가격이 저렴하다는 점이다. 물론, 인기 종목으로 성장하지 못하고 잠재 종목으로서 오랫동안 유지되는 경우나, 빨리 끓었던 냄비가 빠르게 식듯이 인기가 급성장하다가 갑자기 식어버리는 종목이 있는 등의 위험 요소는 존재하지만 이것은 전략적 의사 결정의 필연적인 사항으로 후원 기업은 스포츠 마케팅 에이전시와 다방면의 분석을 통해 이러한 위험을 최대한 줄여야 한다.

끝으로 주요 스포츠 분석에 있어서 빼놓을 수 없는 것이 해당 스포츠 리그 및 대회의 계절성 및 연중 지속성이다. 앞에서도 반복적으로 다루었지만 기업이 스폰서십을 진행하는 주된 목표 중의 하나는 후원 기업의 브랜드 인지도를 올리기 위함인데, 이는 한두 번의 단기적인 브랜드 노출을 통해서는 이루기 어려운 부분이다. 또한 스포츠를 활용한 인지도 제고의 경우, 직접적인 기업의 광고를 통한 인지도 제고보다 상대적으로 더 오랜 시간과 더 많은 노출을 해야 달성할 수 있는데, 이것은 기업 광고가 시청자가 시청하고 있는 매체의 화면 전체를 차지하고 내용도 기업에 맞게 구성되어 있는

스포츠 마케팅, 광고주에게 팔리는 제안서

반면, 스포츠 마케팅에 있어서 기업 브랜드의 노출은 경기 장면의 보조적인 요소로서 그 크기나 집중도가 기업의 자체 광고에 비해서 많이 떨어지기 때문에 소비자 뇌리에 각인 되는 정도가 더 약하기 때문이다. 한편, 스포츠는 종목별로 연중 운영되는 기간이 다른데, 우리나라의 경우 다양한 스포츠 종목의 활성화를 위해 실외 스포츠의 경우 주로 하계 시즌에 운영을 하며, 실내 스포츠의 경우 동계 시즌에 운영을 하고 있다. 스포츠 후원을 고려하고 있는 기업의 스포츠 마케팅 담당자는 해당 기업의 판매 제품 및 서비스에 따라 필요한 계절의 스폰서십을 선호하며, 또는 연중 지속성을 확보하기 위해 계절이 겹치지 않는 종목의 후원을 병행할 수도 있다.

다음 페이지의 <국내 스포츠 현황 예시>는 국내 주요 프로 스포츠를 위와 같은 구분에 따라 나누어 본 예시이다. 가끔 닐슨 스포츠와 같은 조사 기관에서 '스폰서링크(SponsorLink)'와 같은 조사를 통해 국내 인기 스포츠에 대한 자료를 내놓기는 하지만, 국내 스포츠 종목에 대한 전체적인 인기 순위를 정기적으로 조사하거나 발표하는 예를 찾기는 힘들기 때문에 저자가 데스크 리서치와 그 동안의 다양한 경험을 바탕으로 주요 종목들을 선정 및 카테고리화 해 본 것이다. 여기서는 스포츠 종목을 '인기 스포츠'와 '급성장 스포츠' 대신 '전통 스포츠'와 '신흥 스포츠'로 나누었는데, 신흥 스포츠 중 'e스포츠'의 경우는 급성장하는 스포츠이기는 하지만 이미 인기 스포츠로서 자리매김하고 있어 그 구분을 조금 달리하기 위함이다. 이렇게 큰 구분을 한 후에는 앞에서 말한 계절적 특성을 고려하여 하절기 스포츠와 동절기 스포츠로 나누고, 각각에 해당하는 스포츠 리그들을 표기하여 어떤 종목이 전통/신흥 스포츠인지, 어떤 종목이 하절기/동절기 운영되는 리그인지를 보기 쉽게 정리하고자 하였다. 한편, 각각의 리그/대회에 대해서는 캘린더의 형태로 연중 운영되는 기간을 표기함으로써 스폰서십 운영에 있어서 기간

국내 스포츠 현황 예시

구분		종목	1	2	3	4	5	6	7	8	9	10	11	12	비고
전통 스포츠	하절기	프로야구 (KBO)													부어십/ 중계권료/ 대회(경기)수/ SNS구독자/ 주요선수/ 상금정보
		프로축구 (K리그1)													
		여자프로골프 (KLPGA)													
		남자프로골프 (KPGA)													
	동절기	프로배구 (V리그)													
		프로농구 (KBL)													
신흥 스포츠	하절기	e스포츠 (LCK)													
	상시/ 비정기	격투기 (각종 대회)													등은 종목별로 상세 기술

스포츠 마케팅, 광고주에게 팔리는 제안서

적인 측면을 한눈에 보기 쉽게 표현하였으며, 비고에는 각각의 종목에 대한 뷰어십, 중계권료, SNS 구독자, 상금, 주요 선수 정보를 포함함으로써 해당 스포츠의 인기 정도에 대해서 짐작할 수 있도록 구성하였다. 여기에 부가적으로 각 리그에 참여하는 팀이나 선수의 숫자라든지, 연중 경기 및 대회 수 등을 추가할 수 있으나 이것은 전체 제안의 구성상 주요 스포츠 현황에 보여주기도 하고 아니면 스포츠 종목 비교나 후보 종목 상세 분석에 보여주기도 한다.

스포츠 종목 비교

사실 주요 스포츠 현황, 스포츠 종목 비교, 그리고 후보 종목 상세 분석 단계는 스포츠 종목에 대한 내용을 살펴본다는 점에서 어느 정도 내용의 중복이 있을 수 있다. 하지만 주요 스포츠 현황이 전체 스포츠 시장 내 종목들을 카테고리화하여 구분하는 데 집중하는 반면, 스포츠 종목 비교는 후원사의 스포츠 마케팅 활용 목적에 맞춰 스포츠 종목을 비교할 지표를 선정하고 그 기준에 맞는 후원 종목의 후보군을 찾는 데 집중한다. 그리고 후보 종목 상세 분석 단계에서는 스포츠 종목 비교를 하면서 뽑은 스폰서십 후보 종목들에 대해 의사결정권자가 체감할 수 있는 보다 상세하고 정량적인 분석을 통해 최종 후원 스포츠 종목을 결정한다.

앞에서 살펴본 바와 같이 스포츠 종목 비교는 스포츠 종목의 매체로서의 영향력, 콘텐츠로서의 유용성, 그리고 가격 합리성 등에 따라 연중 지속성, 성장 추이, 활용성 및 화제성, 이미지 및 타깃 적합성 및 기업 예산 대비 스폰서십의 가격 적정성 등의 기준을 가지고 진행을 한다. 비교를 하는 방

스포츠 종목 비교 – 비교 지표 선정 및 후보 종목 선정

구분	상세
내용 구성	• 연중 지속성 • 성장 추이 • 활용성 및 화제성 • 이미지 및 타깃 적합성 • 가격 합리성
주의 사항	• 평가 지표가 매우 다양하므로, '광고주의 스포츠 마케팅 목적'에 맞는 '대표 지표를 선정'하여 비교하는 것이 중요 • 타 스포츠와 비교할 수 있는 내용을 바탕으로 후원 대상이 되는 후보 종목을 선정

법에 있어서는 이 모든 항목에 대해 점수와 가중치를 매겨 종합 점수로 평
가하는 방법과 스폰서가 중요하다고 생각하는 지표 2개 정도를 선정하여 도
식화하는 방법 등으로 나뉘는데, 모든 항목에 대한 종합 점수로 하는 경우
아무리 항목별 가중치를 준다고 하더라도 스폰서가 스폰서십을 활용하는
목적과는 다른 항목들의 점수가 우수하게 나와 판단을 흐리는 경우가 많기
때문에, 다소 주관적인 면이 개입할 수 있는 여지가 있더라도 후원 담당자
가 핵심적으로 삼는 지표 두세 가지를 선정하여 보기 쉽게 도식화하여 의사
결정을 유도하는 것이 더 효과적이다.

　아래의 <국내 스포츠 종목 비교 예시>는 앞의 국내 주요 프로 스포츠
현황에서 다뤘던 종목들을 스폰서의 스폰서십 목적에 맞게 '시장성'과 '활용
성' 두 가지 지표에 집중하여 2차원의 그래프로 도식화 한 예시로서, 그래프
상에서 우상단으로 갈수록 스폰서의 스포츠 후원 목적에 더 부합하는 종목
이라고 볼 수 있겠다. 여기서 '시장성'의 경우 중계권료의 증가나, 시청자 수
의 증가, 참가팀이나 선수 등의 증가 등을 바탕으로 도출할 수 있는 반면, 활
용성은 후원 기업이 누구인지에 따라 매우 달라질 수 있는 항목으로 종목
내 선수들의 소셜 미디어 활동이 활발하다든지, 리그나 팀에서 생산하는 콘

국내 스포츠 종목 비교 예시

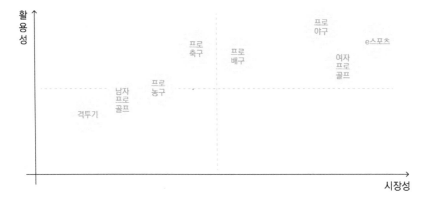

텐츠나 이벤트가 다양하고 재미있다든지, 후원사와 리그, 팀, 선수 간 콜라
보레이션을 할 수 있는 기회가 많다든지 등의 기준으로 다소 정성적으로 판
단하게 된다. '시장성'과 '활용성'을 비교 기준으로 적용한 스폰서는 그래프
상 우측 상단에 있는 프로야구, 여자프로골프, 그리고 e스포츠 대회를 가장
유력한 후원 후보 종목으로 뽑아 낼 수 있으며, 이 종목들에 대해 좀 더 구체
적인 사항들을 확인하여 최종 후원할 종목을 선택하게 된다. 물론, 이 후원
사가 하절기뿐만 아니라 동절기에도 지속적인 브랜드 노출을 고민하고 있
다면 그래프 상 우측 위쪽 사분면상에 있는 프로배구도 후원 종목으로 이
세 종목과 함께 고려해 볼 수 있다.

스포츠 마케팅, 광고주에게 팔리는 제안서

광고주 경쟁사의 스포츠 후원 현황

광고주 경쟁사의 스포츠 후원 현황을 제안서에 넣는다니, 번데기 앞에서 주름 잡는 게 아니야?

이런 질문을 하는 독자들이 있을 수 있지만, 사실 광고주도 다양한 경쟁사가 어떠한 종목에 어떤 후원을 하고 있는지 전체적으로 파악하지 못하는 경우가 많다. 광고주의 주된 접근 방식은 관심 있는 경쟁사에서 어떤 활동을 하고 있는지 알아보는 방식이기 때문에, 특정 경쟁사가 광고주의 조사 대상에서 빠져 있는 경우, 그 경쟁사가 스포츠 마케팅을 열심히 하고 있다고 하더라도 인지하고 있지 못하는 경우가 있다. 물론, 스포츠 후원 경험이 많은 후원사 담당자의 경우에는 대략적인 내용을 파악하고 있겠지만 시시각각으로 변하는 스포츠 후원 현황을 매 순간 파악하고 있기는 힘들다. 반면, 스포츠 종목의 관점에서 특정 스포츠 종목에 광고주의 어떤 경쟁사가 참여하는지를 살펴보는 스포츠 마케팅 에이전시 입장에서는 주요 스포츠 목록을 뽑아 내기만 하면 그 안에서 잠재 후원사의 어떤 경쟁사가 참여하고 있는지 파악함으로써 스포츠적으로는 좀 더 전체적인 관점에서 스폰서십 현황을 파악할 수 있다.

다음 페이지의 <관점의 차이에 따른 경쟁사 스포츠 후원 현황 비교 방식의 차이>에서와 같이 후원사는 스포츠 종목별로 어떤 경쟁사가 있는지를 정리하기 보다는 주요 경쟁사별로 어떤 후원을 하고 있는지를 정리하는 것을 알 수 있다. 스포츠 마케팅 에이전시가 잠재적 후원사를 대신하여 후원사의 경쟁사의 스폰서십 현황을 조사할 때는 경쟁사별로 정리하기 보다는, 스포츠 전체적인 관점에서 주요 스포츠 종목 내 후원사의 경쟁사 현황

관점의 차이에 따른 경쟁사 스포츠 후원 현황 비교 방식의 차이

후원사가 바라보는 경쟁사 스포츠 후원 현황		스포츠 에이전시가 바라보는 경쟁사 스포츠 후원 현황	
주요 경쟁사 1 ———	A 종목 후원	주요 스포츠 종목 1 ———	A 경쟁사
주요 경쟁사 2 ———	B 종목 후원	주요 스포츠 종목 2 ———	B 경쟁사
주요 경쟁사 3 ———	C 종목 후원	주요 스포츠 종목 3 ———	C 경쟁사
주요 경쟁사 4 ———	D 종목 후원	주요 스포츠 종목 4 ———	D 경쟁사
주요 경쟁사 5 ———	E 종목 후원	주요 스포츠 종목 5 ———	E 경쟁사

을 파악하여 제안하면 후원사의 담당자가 이 전체적인 그림을 가지고 내부에서 필요한 용도에 맞게 다시 정리하여 내부 보고에 사용할 수 있도록 지원하는 것이 좋다.

그럼 후원사는 경쟁사의 후원 현황을 보고 어떤 판단 및 의사 결정을 진행하게 될까?

우선, 후원사 입장에서 제일 먼저 살펴볼 것은 각각의 스폰서십이 리그를 후원하는 활동인지, 아니면 리그 내 특정 팀을 후원하는 활동인지이며, 리그 후원인 경우 카테고리 독점 계약인지 여부와 동일 업종의 리그 내 팀 후원에 대한 우선 협상권을 가지고 있는지 여부이다. 경쟁사가 리그 내 팀 후원을 하는 경우에는 잠재 후원사가 리그 자체나 다른 팀을 후원해도 크게 문제가 발생할 것이 없으나, 경쟁사가 리그를 후원하면서 카테고리 독점 권한이나 리그 내 팀 후원에 대한 우선 협상권 등이 있는 경우, 동일 업종의 잠재 후원사는 해당 스포츠 리그 내에 있는 팀들 자체를 후원할 기회를 상실할 수도 있다. 물론, 리그나 리그 내 팀 후원을 함에 있어서 법적으로 문제가 없다고 하더라도 이미 경쟁사가 해당 리그에서 입지를 굳혔다면, 해당 종목에 추가적으로 후원을 진행하는 것은 비용이나 마케팅 효과 측면에서 비효율적이므로 일반적으로는 해당 종목에 신규 후원을 진행하지는 않는다.

여기서 잠깐 카테고리 독점권과 우선 협상권의 의미에 대해서 살펴보면 다음과 같다. 특정 리그의 카테고리 독점권은 앞의 후원 권리 사항에서 언급했던 바와 같이 현재 후원사와 동종 업계의 기업을 그 리그의 추가 후원사로 받지 않는 것을 뜻하고, 우선 협상권은 리그 내 각 팀에서 리그의 후원사와 동종 업계의 기업을 후원사로 받기 위해서는 리그 후원사에게 같은 권리와 금액으로 먼저 제한해야 하는 것을 말하는데, 이는 리그를 후원하는 스폰서가 그 리그에 속하는 팀들을 대변한다고 볼 수 있기 때문이다. 전자의 경우는 리그의 후원사로서 기존 후원사 외에 동종 업계의 다른 후원사가 들어오는 것을 원천적으로 차단하는 것이고, 후자의 경우는 동종 업계의 다른 기업이 리그 내 팀의 스폰서로 들어오기 전에 리그의 스폰서에게 먼저 기회를 주는 것이라고 이해하면 된다.

이러한 상황 분석을 통해 후원사는 이 중에 진입해 볼 종목이 있는지 아니면 이 외의 다른 종목을 진행할지에 대해 의사 결정을 하게 되며, 혹은 스포츠 마케팅이 아닌 다른 마케팅 커뮤니케이션을 진행할지 여부까지 종합적으로 검토하여 의사 결정을 하게 된다.

후보 종목 상세 분석

앞의 스포츠 종목 비교를 통해 후원사에게 적합한 스포츠 종목들을 1차적으로 간추렸다면, 후보 종목 상세 분석 단계에서는 이렇게 간추려진 종목들에 대해 하나하나 좀 더 상세히 알아보면서 스폰서의 후원 목적과 맞는지 살펴본다. 이 과정에서는 스포츠 종목 비교에서 했던 과정을 어느 정도 반복하게 되는데, '스포츠 종목 비교'에서는 아주 많은 스포츠 종목 중에서 후원을 하기 위한 후보군을 추려 내기 위해 여러 가지 지표 중 후원사 입장에서 가장 중요한 사항들을 뽑아 그 지표들로 후보 종목을 선정하였다면, '후보 종목 상세 분석 단계'에서는 앞에서 다루지 않았던 지표들도 꼼꼼하게 다시 살펴보면서 최종 후원 종목을 선정하게 된다. 이와 더불어 대회 브랜드 노출에 대한 정도에 대해 좀 더 실질적으로 체감하기 위해 대회가 진행되는 기간뿐만 아니라 전체 경기수, 방송 채널, 및 국가 등에 대해서도 살펴보며, 후원사의 타깃 고객과의 일치 정도를 보기 위해 시청자나 팬의 인구통계학

후보 종목 상세 분석 – 최종 종목 선택

구분	상세

내용 구성	• 리그 운영 방식, 경기 수 및 중계 방송(방송 국가, 채널, 횟수, 노출량 등)
	  – 브랜드 노출 점검
	• 시청자 및 팬층의 인구통계학적 정보
	  – 성별, 나이, 경제적 능력, 지역 등 타깃 고객 확인
	• 후원 추진 방향
	  – 해당 종목 후원 시, 추진해야 하는 후원 활동의 방향
	• 기회/위험 요소 분석
	  – 해당 종목 후원 시, 후원사 입장에서의 긍정/부정 요소 분석

주의 사항	• '최종 종목 선택'을 위한 의사 결정을 위해 데이터를 가공하여 정보로 만드는 것이 중요

적 정보인 성별, 나이, 경제적 능력 등에 대해서도 종합적으로 살펴본다. 또한 각각의 종목에 대해서 실질적으로 후원을 진행하였을 때 어떤 방향으로 후원을 추진해야 하는지, 그리고 후원을 추진함에 있어서 기회 요소와 위험 요소는 무엇인지를 분석한다.

다시 국내 프로 스포츠 사례로 돌아가보자.

앞의 예시에서 후원사에게 매력적인 스포츠 종목은 도표 상 우상단에 위치한다고 했는데, 프로야구, 여자프로골프, 프로배구, 그리고 e스포츠(LCK)가 이에 해당한다. 여기서 후원사가 회사의 예산 상황을 고려, 비용이 상대적으로 많이 드는 야구를 제외하고 나머지 종목들을 최종 후보로 선정하였다고 가정하면, 골프, 배구, 그리고 e스포츠(LCK)가 남는데, 후보 종목의 상세 분석에서는 이렇게 최종 후보로 선정된 종목에 대해서 다시 한 번 구체적으로 분석을 하게 된다. 후보 종목에 대한 상세 분석에 있어서 중요한 것은 분석을 해야 하는 항목들에 대해서 일일이 나열하는 것보다도 여러 가지 자료를 바탕으로 분석한 정보를 가지고 후원사가 의사 결정을 할 수 있도록 재구성하는 것이다. 우리가 흔히 정보(Information)와 데이터(Data)의 차이에서 말하듯이 분석을 해야 하는 항목들에 대해 조사해 놓은 순수 자료는 데이터로서 참고용으로 의미가 있으나, 이를 후원사가 의사 결정을 할 수 있도록 가공하고 분석한 내용이 정보로서 더욱 의미가 있다. 따라서

데이터(Data)란?

어떤 의미나 목적을 포함하지 않고 현실 세계에서 단순히 수집하고 측정한 자료나 값을 의미한다.

정보(Information)란?

어떤 목적이나 의도에 맞게 데이터를 가공 및 분석하여 의미를 부여한 것을 의미한다.

앞에서 다룬 스포츠 종목을 분석하기 위한 다양한 데이터는 백업으로 정리해 두고, 각각의 종목에 대해 개요, 추진 방향, 기회요소, 및 위험 요소로 항목을 나눈 후, 각각의 항목에 필요한 사항을 백업 데이터에서 가져와 비교에 활용한다.

먼저 개요에는 후원사가 가장 궁금해하는 리그 및 대회의 운영 기간, 경기 수, 주요 후원사 현황, 그리고 후원에 필요한 비용 등을 기재한다. 여기서 대회 운영 기간 이외에도 경기 수나 대회 수를 넣는 이유는 후원 기업이 얼마나 자주 노출될 수 있는지를 조금 더 수치적으로 확인할 수 있기 때문이며, 주요 후원사 현황을 넣는 이유는 기존 후원사의 위상이 어느 정도 되는지 확인할 수 있기 때문이다. 특히 주요 후원사 현황에 대해 확인하는 것은 앞에서 살펴본 후원사의 경쟁사 후원 현황을 확인하는 것과는 대비되는 개념으로 어떤 업종의 어떤 기업들이 해당 종목을 후원하는지 점검을 통해 후원사의 브랜드 이미지에 미치는 영향을 확인한다. 후원에 필요한 비용은 리그 후원 비용, 대회 후원 비용, 팀 후원 비용, 및 선수 후원 비용 등으로 나누어 기재할 수 있는데, 아직 스포츠 팀 레벨의 분석이 아닌 스포츠 종목 레벨에서의 분석이므로 해당 종목의 후원을 추진할 경우의 비용에 대해 다각도로 살펴보고 후원 추진 방향을 정하기 위함이다.

추진 방향은 후원사가 해당 종목을 추진한다고 했을 경우 어떻게 활용할지에 대한 사항을 기록한다. 리그만 후원을 할 것인지, 팀만 후원을 할 것인지, 아니면 선수만 후원할 것인지 등 후원 항목의 조합에 대한 이야기를 다루며, 각각의 후원 항목에 대한 역할을 설정한다. 예를 들어, 골프를 후원한다고 하였을 경우, 대회 개최를 통해 단기적으로 대회 타이틀 스폰서로서의 위상을 알리는 동시에 선수 후원을 병행함으로써 연중 지속적으로 콘텐츠 생산 및 브랜드 노출을 달성하는 전략을 취할 수 있다. 한편, 배구의 경우

스포츠 마케팅, 광고주에게 팔리는 제안서

국내 스포츠 후원 종목 상세 분석 예시

구분	여자프로골프	프로배구	e스포츠
개요	· 연간 대회 수: 연간 약 31개 대회 · 대회 기간: 4월 ~ 11월 · 주요 후원사: 롯데렌터카, KB금융 등 · 비용: 선수당 0억원/년, 대회 개최 0억원/대회	· 연간 경기 수: 약 230 경기 (남, 여 각각) · 대회 기간: 10월 ~ 익년 4월 · 주요 후원사: 도드람, 기업은행 등 · 비용: 리그 0억원/년, 팀 유니폼 브랜딩 0억원/년	· 연간 경기 수: 약 180경기 · 대회 기간: 1월 ~ 9월 · 주요 후원사: 우리은행, 맥도날드 등 · 비용: 리그 0억원/년, 팀 유니폼 브랜딩 0억원/년
추진 방향	· 연간 0개 대회 운영을 통한 시장 내 임팩트 · 대회 참가 선수 후원 통한 연중 지속성 제고	· 리그 후원을 통한 동계 시즌 노출 확보 (A보드 및 Floor) · 팀 후원을 통한 활용 및 선도도 제고 · 디지털 채널 파트너 등 차별화	· 국내 LCK 리그 Tier 1 후원 테스트 통한 글로벌 리그 후원 확장성 검토 · 팀 후원 병행을 통한 활용성 점검
기회 요소	· 프리미엄 스포츠로 브랜드 이미지 제고 · 최근 참여 인구 증가로 관심도 상승 · 대회 후원 및 선수 후원 시너지 효과 · 선수 활동 다양한 콘텐츠 양산 · '21년 총 상금 0억원 최초 돌파	· 업계 유일 후원으로 차별화 · 최근 재미있고 친근감 있는 콘텐츠로 타 스포츠 대비 높은 팬 유대감 · 늘어나고 있는 팀수(여자팀 0~0개) · 스포츠 통합 성공 기준 시청률 0% 달성	· 업계 최초 후원으로 트렌디한 이미지 구축 · MZ세대 내 최근 가장 핫한 스포츠 · '19년 대비 '20년 동시 시청자 수 0% 이상 급증 등 · COVID 상황 下 급성장 · 일 평균 순 시청자 0만명(0% 해외)
위험 요소	· 성적 상위 선수 위주의 경기 노출 · 상위 선수 대상 후원 경쟁 치열	· 전통 타 스포츠 대비 생활 체육 인구 모기업 후원에 의존적인 팀 운영 구조	· 협회 등의 기관 없이 게임 개발사 및 퍼블리셔에 의해 운영되는 리그로 유연하지만 다소 불안정 (프랜차이즈 제도 도입으로 개선 중) · 게임의 장기 지속성 여부 불투명

는 리그와 팀의 후원이 지속성의 측면에서는 유사하지만, 리그 후원의 경우 가상 광고나 경기장 코트 및 주변의 광고 보드 노출을 통한 매체적 측면으로 주로 활용하는 반면, 팀 후원의 경우 경기복 브랜딩을 통한 브랜드 노출뿐만 아니라 팬들의 선호도 제고 등을 위한 콘텐츠 생산의 관점에서도 후원 추진을 검토할 수 있다. 또한 골프와 배구 두 종목의 조합을 통해 하계 시즌과 동계 시즌 모두 스포츠 마케팅을 활용하는 전략에 대해서도 이 단계에서 다시 한 번 검토할 수 있다.

기회 요소와 위험 요소 분석은 앞에서 준비한 다양한 데이터를 바탕으로 해당 종목의 후원 활동이 후원사에 미치는 영향에 대해 긍정적 요소와 부정적 요소로 나누어 보는 활동이다. 예를 들어, 골프가 프리미엄 스포츠라는 것은 후원 기업의 이미지를 제고하는 기회를 제공하며, 총 상금의 증가와 골프 참여 인구의 증가는 후원 기업에 대한 더 많은 관심을 불러 일으킬 수 있다는 기회 요소가 된다. 한편, 상위 선수 위주로만 중계 방송에 주로 노출이 되고, 상위권 선수에 대한 후원 경쟁이 치열한 것은 위험 요소가 된다.

스포츠 마케팅 에이전시는 이러한 요소들을 종합적으로 검토하여 잠재 후원사에게 최적의 스포츠 종목을 선정할 수 있도록 돕는 동시에, 제안하고자 하는 스포츠 종목에 대해 미리 분석해 봄으로써 더 적합한 후원사를 찾을 수 있다.

신흥 스포츠 소개 방법

후원사 입장에서 많은 스폰서십 제안을 받다 보면 가끔은 생소한 종목에 대한 제안을 받는 경우가 있다. 종목 자체에 대해서 생소하기 때문에 해당 종목의 우수성에 대해서 제안서 상에 아무리 많이 기술해 놓는다고 해도 해당 종목에 대한 전반적인 이해가 선행되지 않으면 제대로 된 평가를 하기가 어려운데, 이럴 때는 대중적으로 많이 알려진 종목과 비교하여 설명하는 자료를 하나 추가함으로써 해당 종목에 대한 이해도를 효과적으로 제고할 수 있다.

사실 후원 담당자가 생소한 종목이라는 것은 대중적이지 않거나, 후원사의 담당자가 해당 종목의 주요 소비자가 아니라는 의미를 담고 있어서 기업 내 톱 매니지먼트의 특별한 의지가 있지 않는 한 담당자 선에서 후원 종목으로 검토되기가 어려운 경우가 많으나, e스포츠와 같이 새롭게 생겨나거나 급속도로 성장하고 있는 스포츠의 경우는 기존 스포츠와의 적절한 비교 자료를 제시함으로써 후원 담당자가 Bottom-up(바텀업)으로 후원을 추진할 수 있는 계기를 마련한다.

다음 페이지의 <전통 스포츠와 e스포츠 대회 체계 비교>는 최근 급성장하고 있는 게임인 리그 오브 레전드(League of Legends)의 e스포츠 대회 운영 방식을 전통 스포츠인 축구와 비교하여 설명을 해 본 것이다. 전통 스포

톱 매니지먼트(Top Management)란?

흔히 '최고 경영층'이라고 불리는 톱 매니지먼트는 기업 내 최상층부에서 경영에 관련된 의사 결정을 하는 사람 또는 주체로서 대표, 사장, 그리고 기타 임원진을 가리킨다.

Bottom-up(바텀업)이란?

Top-down(탑다운)과 반대되는 개념인 Bottom-up은 '아래에서 위로 올라간다'
는 뜻으로 통상적으로 구체적인 것에서 시작해서 일반적인 것으로 나아가는 프로세
스를 의미하는데, 여기서는 후원 담당자(의사 결정 과정 상 낮은 지위)가 후원 의사
결정자(의사 결정 과정 상 높은 지위)에게 새로운 후원에 대해 건의하여 진행하는 방
식을 의미한다.

전통 스포츠(축구)와 e스포츠(League of Legends) 대회 체계 비교

구분	전통 스포츠			e스포츠		
소재	축구			LOL PC게임		
리그	국가별 리그			국가/지역별 리그		
	프리미어 리그	라리가	분데스 리가	LCK	LCS	LEC
	영국	스페인	독일	한국	북미	유럽
챔피 언십	대륙내 팀 대항전			전 세계 팀 대항전		
	챔피언스리그			월즈		

츠인 축구가 축구 경기라는 운동을 소재로 각 국가별로 리그를 운영하고,
각 리그의 대표가 대륙 별 대회에서 경기를 하는 것과 마찬가지로 리그 오
브 레전드를 소재로한 e스포츠 대회 역시 각 국가 또는 지역별로 리그를 운
영하고, 각 리그를 대표하는 팀들의 전 세계 대항전인 월즈를 운영하고 있
다. 물론, 여기서 소개하고 있는 내용은 대회의 운영 방식에 대한 내용이 주
를 이루고 있지만, 실제 제안서에서는 우리가 앞에서 살펴본 후원 종목 선
정의 기준에 대한 각종 정보들도 기존 스포츠와 비교 설명이 필요한데, 신
흥 스포츠, 예를 들어, e스포츠의 경우 방송 채널이 트위치, 아프리카TV, 온
라인 포털 등으로 전통 스포츠를 주로 중계하는 방송인 TV와는 다소 차이

가 있기 때문에, 전통적 스포츠 방송 시청에 익숙한 후원사의 담당자 및 의사결정권자가 신흥 스포츠와 관련된 자료만 받아볼 경우 그 효과에 대한 판단에 어려움을 겪기 때문이다. 후원사가 이해하거나 체감할 수 없는 정보는 스폰서십의 판매에 있어서 무용지물이기 때문에 신흥 스포츠를 제안하는 원천 권리 소유자나 스포츠 마케팅 에이전시는 이러한 내용을 좀 더 알기 쉽게 설명하는 데 노력을 경주해야 한다.

신흥 스포츠와 전통 스포츠 간 중계 채널 차이

신흥 스포츠 LCK 중계 채널	전통 스포츠 축구 중계 채널*
• 아프리카 TV, 트위치 등	• SPOTV, SkySports, 네이버 스포츠 등

* 최근에는 아프리카 TV 등에도 전통 스포츠인 축구 중계 방송 송출이 많아지고 있음

팀 상세 정보

　우리가 앞에서 스포츠 종목들을 비교하는 방법에 대해서 간략하게 살펴보았지만, 사실 이러한 비교를 위해 수반되는 자료를 모으는 작업은 이렇게 간단하지만은 않다. 많은 시간의 데스크 리서치와 각 업계 담당자 인터뷰 등이 필요하며, 각 스포츠 종목의 스폰서십 제안서들을 실제로 받아 보면서 분석이 가능한 부분이 많다. 하지만 후원사 입장에서는 앞의 과정이 없이는 팀 후원 검토의 단계로 넘어갈 수가 없기 때문에 스포츠 팀 후원을 검토함에 있어서도 주요 스포츠 종목에 대한 전반적인 분석을 하는 것은 필수 과정이다. 톱 매니지먼트의 의지로 특정 스폰서십을 추진하게 된다고 할지라도 이러한 근거를 적절히 뒷받침해야 추후 스폰서십 운영 과정에 있어서 사내에서 당위성을 부여할 수 있으며, 이러한 분석을 통해 더욱 효과적인 후원 권리 활용에 대한 기획을 할 수 있다.

　하지만 대부분의 원천 권리 소유자는 그들이 속한 스포츠 종목에 대해서는 자세한 정보를 제공하지만 그 이외에 스포츠 종목 전반에 대한 정보는 제공하지 않는 경우가 많다. 제공한다고 하더라도 '이 종목이 어떠한 지표에서 넘버원 종목이다'라는 식으로 간단하게 언급만 할 뿐 다양한 지표에 대해서 다른 종목과 비교하거나, 비교한 지표에 대한 다른 종목의 등수나 점수에 대해서도 다루지 않는 경우가 많다. 따라서 이러한 정보에 대한 분석은 온전히 스포츠 마케팅 에이전시와 후원 기업의 스포츠 마케팅 담당자 몫인 경우가 많다. 이 중에서도 누가 주체가 되어 분석을 하는지는 상황에 따라 달라질 수 있으나 규모가 어느 정도 있는 스포츠 마케팅 에이전시의 경우라면 사전에 문제은행식으로 다양한 정보를 모아두고 필요에 따라 다양한 제안에

문제은행(Item Pool)이란?

'문제를 보관해 놓는 은행이라는 뜻'으로 가능한 다수의 문항들을 개발하여 문항의 특성과 관련된 다양한 정보와 함께 문항들을 체계적으로 분류하고 정리하여 보관해 놓은 것을 말한다. 우리가 은행에 저축을 해 두고 필요할 때 현금을 꺼내서 사용하는 것과 같이, 사용할 문제들에 대해 미리 저장해두고 필요할 때 꺼내 사용하는 것을 생각하면 이해가 쉽다.

활용할 수 있다면 스폰서십 제안의 과정이 좀 더 효율적으로 이루어질 수 있다. 한 번 준비해 둔 데이터는 새로운 데이터가 업데이트 되거나 새로운 종목이 추가되더라도 그 내용 위주로만 업데이트를 하면 된다는 점에서 초기 구축에 필요한 노력 대비 관리에 대한 노력은 상대적으로 적다고 할 수 있겠다.

그렇다면 본격적으로 팀 상세 정보에 기술되어야 하는 사항을 살펴보자.

우리가 여기서 살펴보는 제안서는 스포츠 팀 후원을 제안하기 위한 제안서인데, 여기서는 특정 스포츠 종목의 '팀 전체를 놓고 그 중에 어느 팀을 고를지에 대한 관점'에서 접근하기 보다는 '특정 팀에 대한 후원을 제안한다는 관점' 하에서 그 팀이 다른 팀에 대비해서 왜 후원에 적합한지를 제안하는 방식에 대해 다뤄보고자 한다. 사실, 어떤 방식으로 접근하든지 팀의 우수성에 대해서 분석하는 기본 지표들은 동일하지만 현실 세계에서 일어나는 주된 방식이 특정 팀에 대한 제안을 하는 방식이기 때문에 이 방식으로 접근해 보고자 한다. 현실 세계에서 이러한 방식의 접근이 나올 수밖에 없는 이유는 스포츠 팀의 경우 네이밍 권리 등의 주요 스폰서십 권리는 이미 계약이 되어 있는 경우가 많아서 그 계약이 종료되는 시점이 되어서야 외부에 추가로 판매를 기획할 수 있기 때문에, 당장 후원을 추진해야 하는 스폰서 입장에서 우리에게 가장 적합한 팀이 특정 팀이라고 하여 몇 년씩 기다

릴 수는 없기 때문이다. 또한 종목의 비교와는 다르게 팀의 비교는 성적이나 팬 층 이외에는 정량적인 분석보다는 정성적인 분석이 많이 개입되기 때문에 팀 전체를 놓고 비교하는 것의 의미가 상대적으로 떨어진다. 이에 현재 시점에 가용한 스포츠 팀을 분석하여 후원사에게 가장 적합한 팀인지 여부를 판단한다.

스포츠 팀을 어필하기 위한 상세 정보는 크게 다음과 같은 항목으로 구성된다.

- 팀 역사 및 성적
- 주요 선수
- 브랜드
- 운영 매체
- 현재 후원사

팀의 성적 이외에도 팀의 역사까지 살펴보는 이유는 이 팀이 전통적 강호인지, 신흥 강호인지, 신생 팀인지 혹은 1부와 2부를 왔다갔다 하는 엘리베이터 팀인지 살펴보기 위함인데, 전통적 강호인 경우 안정성은 높지만 후원 비용이 비싼 단점이 있는 반면, 신흥 강호인 경우는 상대적으로 저렴한 비용으로 후원의 효과를 누릴 수 있지만 다소 안정성이 떨어진다는 판단을 할 수 있다. 한편, 신생 팀의 경우 후원사가 상대적으로 저렴한 비용으로 후원을 할 수 있다는 장점 이외에도 후원사와 원천 권리 소유자가 함께 성장해 간다는 스토리텔링 등을 할 수 있어 장기적인 관점에서 스폰서십을 맺는 경우가 있다.

주요 선수는 팀의 가장 중요한 자산 중에 하나인데, 인기 선수를 많이 보유한 팀일수록 후원사 입장에서 후원에 대한 매력도가 올라가기 때문에 주요 선수 중에 인기 선수가 있다면 이를 잘 어필하는 것이 중요하다. 예를 들어, 영국 프리미어리그 팀인 토트넘 홋스퍼의 경우 우리나라 국가대표 손흥민 선수가 국내 후원사 유치에 아주 중요한 역할을 하고 있는데, 토트넘 홋스퍼는 금호타이어와 같은 국내 유수 기업이 후원하고 있다. 팀에 대중적인 인기가 많은 선수가 있다는 것은 스폰서 입장에서 매우 긍정적인데, 하나는 선수가 후원사의 매체로서 역할을 한다는 것과 다른 하나는 선수가 후원사가 활용할 수 있는 콘텐츠로서의 역할을 한다는 것이다.

이것을 예를 들어 조금 쉽게 설명해보자. 영국 프리미어리그 토트넘 홋스퍼의 손흥민 선수는 국내에서 인기가 매우 많아서 다양한 기사나 자료 등에 노출이 되는데 대부분의 기사나 자료에서 손흥민 선수의 프리미어리그 경기 사진이나 프로필 사진을 사용한다. 이 때, 손흥민 선수는 토트넘 홋스퍼의 유니폼을 입고 있는 경우가 많아 토트넘 홋스퍼의 후원사인 AIA는 자연스럽게 국내에서 높은 브랜드 노출 효과를 볼 수 있다. 한편, 토트넘 홋스퍼의 후원사인 금호타이어는 후원 권리 중에 하나인 선수 활용권 또는 선수 초상권을 사용하여 손흥민 선수를 다양한 콘텐츠나 광고에 실을 수 있는데, 손흥민 선수가 출연한 콘텐츠나 광고는 다른 광고물에 비해 집중도나 확산도가 높아 스폰서는 더욱 큰 효과를 볼 수 있다. 여기서 AIA의 경우는 선수가 후원사의 매체로서 역할을 한 것이 되고, 금호타이어의 경우는 선수가 후원사의 콘텐츠로서 역할을 한 것이 되는 것이다.

다음은 팀의 브랜드에 관한 이야기이다. 사실 팀의 브랜드라고 하면 로고나 색상 정도를 생각하는 정도가 많지만 팀이 추구하는 주요 가치나 성장 방향 등도 후원사가 팀을 후원하는 주요 요인 중에 하나가 될 수 있다. 예를 들어, 어느 스포츠 팀이 재미있고 다양한 콘텐츠를 통해 그 스포츠 팀이 속한 국가를 넘어 전 세계의 팬들을 늘려가고자 하는 전략을 가지고 있다면, 스포츠 후원을 통해 전 세계 브랜드 인지도를 올리고 다양한 콘텐츠를 통해 친숙한 이미지를 전달하고자 하는 후원사에게는 매력적인 팀이 된다. 따라서 제안하는 팀의 브랜드가 후원 기업의 브랜드와 얼마나 잘 들어맞는지 살펴보는 것도 팀 상세 분석에 중요한 요소라고 할 수 있다. 영국 프리미어리그 축구팀 맨시티와 후원사 넥센타이어는 각각 2008년도와 2000년도에 새로운 리더십을 통해 강한 성장을 드라이브하고, 각각 축구 지주사 설립과 공장 자동화를 통해 업계 스탠다드를 만들어가고 있다는 점에서 브랜드의 유사성을 확보하고 있다는 것이 하나의 예라고 할 수 있겠다.

최근에는 디지털 미디어의 발달로 각 스포츠 팀에서 운영하는 매체가 많아졌다. 따라서 스폰서 브랜드를 중계 방송이나 신문지상에 노출하는 것 이외에도 팀의 매체를 통해 추가적으로 노출시킬 수 있는데 여기서 중요한 것이 팀에서 운영하는 디지털 매체와 콘텐츠 발행 건수, 그리고 무엇보다도

팀 상세 정보

구분	상세
내용 구성	• **팀 역사 및 성적** － 전통적 강호인지, 신흥 강호인지, 신생팀인지 여부 등 • **주요 선수** － 활용도가 높은 선수가 있는지 여부 • **브랜드** － 팀이 추구하는 주요 가치, 브랜드 이미지, 성장 방향, 주요 주주 등 • **운영 매체** － 경기 중계 이외에 매체 효과 측정 (콘텐츠 발행 건수, 팔로워, 콘텐츠 소비 시간 등) • **현재 후원사** － 팀의 위상 및 타 후원사와 협업 가능한 부분 확인
주의 사항	• 팀이 후원사의 니즈와 어떻게 맞는지에 대한 정량적이면서도 '정성적'인 구체적 정보를 전달해야 함

스포츠 마케팅, 광고주에게 팔리는 제안서

그 매체와 콘텐츠를 소비하는 팔로워와 콘텐츠 소비시간이다. 따라서 최근의 스포츠 팀들은 그 어느 때보다도 더 많은 팬을 확보하기 위해 노력하고 있으며, 이렇게 확보한 팬들을 그들이 운영하는 디지털 매체의 팔로워로 만들기 위해 노력하고 있다. 따라서 팀을 소개하는 자료에는 팀이 팬들과 디지털 매체를 통해서 얼마나 잘 소통하고 있는지 보여주는 것이 매우 중요해졌다.

끝으로 빠져서는 안되는 것이 현재 그 팀을 후원하고 있는 후원사 정보이다. 앞의 스포츠 종목 내 주요 후원사에서 살펴본 바와 같이 팀의 후원사 정보는 현재 그 팀의 위상을 어느 정도 보여주는 자료이다. 좋은 후원사들을 많이 유치하여 잠재 후원사에게 우리 팀을 후원하면 이들과 동등한 위치에 설 수 있다는 것을 보여주는 것은 추가 후원사를 유치하는 좋은 전략 중의 하나이다.

후원 권리 사항의 표현

팀 소개가 끝났으면 이제 후원사가 실질적으로 제공받을 권리 사항에 대한 설명이 필요하다. 저자가 7년여간 수백여건의 제안서를 보면서 느낀 것 중에 하나는 후원사에게 제공하는 후원 권리조차도 후원사에게 친절하게 설명되어 있지 않은 경우가 많다는 것이다. 최근에는 스포츠 마케팅의 선진화가 많이 이루어지면서 후원 권리 사항의 표현에 있어서 많은 개선이 이루어지고 있는 것으로 보이지만 그래도 후원을 검토하는 입장에서는 여전히 아쉬운 부분이 많다. 그렇다면 도대체 후원 권리 사항을 어떻게 표현하여야 하는가?

앞의 '기업은 스포츠 마케팅을 어떻게 활용할까?'에서 살펴본 것처럼 팀에서 후원사에 제공되는 후원 권리는 다양한데, 중요한 것은 이 후원 권리를 카테고리화하여 독자로 하여금 머리 속에서 후원 권리에 대한 구조화가

후원 권리 사항의 표현

구분	상세
내용 구성	• 후원 권리 사항 카테고리화 – 브랜드 노출형, 광고물 활용형, 이벤트형 권리 등 • 권리 사항 시각화 – 주요 권리 사항에 대한 활용 예시(사진 및 동영상 자료 활용) • 전체적 관점에서의 접근 – 전체 구비된 구좌 중 스폰서에게 제공되는 비율 등 • 후원 권리 사항의 가치 – 미디어 밸류 등 권리 사항의 가치를 측정할 수 있는 내용이 있으면 기재 • 후원 금액 및 기간 – 제안하는 입장에서의 기대 사항
주의 사항	• '구조화'를 통해 후원사의 이해도를 높이고, '시각화'를 통해 후원사의 기억력을 높임

스포츠 마케팅, 광고주에게 팔리는 제안서

후원 권리 사항의 구조화

구분	상세
브랜드 노출형 권리	• 로고 노출(Logo Exposure) • 디지털 자산(Digital Assets)
광고물 활용형 권리	• 공식 명칭 사용권(Designations) • 지적 재산권(Intellectual Property) • 선수 활용권(Player Appearances)
이벤트형 권리	• 후원 계약 체결식(Partnership Launch) • 티켓 및 호스피탈리티(Ticketing & Hospitality) • 각종 체험형 권리(Experiences)

이루어지기 쉽게 해야 한다는 것이다. 후원 권리 상세 사항들을 살펴보기 전에 이러한 뼈대부터 잡고 있으면 권리 사항을 검토하는 후원사 입장에서 훨씬 더 이해가 용이하다.

대표적인 후원 권리는 크게 세 가지 정도로, 브랜드 노출형 권리, 광고물 활용형 권리, 그리고 이벤트형 권리로 구분할 수 있는데, 경기장, 유니폼, 구단의 콘텐츠 등에 스폰서의 로고가 노출되는 것이 브랜드 노출형 권리에 속하고, 오피셜 파트너 등의 공식 명칭 사용, 선수 사진 등의 지적 재산권 사용, 그리고 선수를 초청한 영상 촬영 등이 광고물 활용형 권리에 속한다고 볼 수 있다. 그리고 그 이외의 후원 계약 체결식, 티켓, 호스피탈리티, 각종 시설물 사용, 경기장 투어, 선수 연습 관람 등 각종 체험 활동이 이벤트형 권리에 속한다고 볼 수 있다.

한편, 각각의 권리 사항을 시각화하여 이미지로 예시를 들어주는 것이 필요한데, '백문이 불여 일견'이라는 말이 있듯이 글보다는 이미지로 실제 사용되는 것을 보면 훨씬 더 잘 기억되기 때문이다. 대부분의 제안서가 브랜드 노출형 권리인 경기장 내 로고 노출, 유니폼 상 로고 노출 등은 잠재 후원사의 로고가 포함된 예시 이미지를 포함하고 있지만 광고물 활용형 권리나 이벤트형 권리에 대해서는 시각 자료 자체를 추가로 제공하지 않는 경우가 많은데, 기존의 다른 후원사의 활용 예시라도 시각적으로 표현하여 전달하는 것이 제공하지 않는 것보다 스폰서에게는 더욱 큰 도움이 된다. 물론, 통상적인 제안서는 제안의 대상이 되는 후원 기업의 로고를 각각의 시안에 얹혀서 제안을 하기 때문에 로고를 적용하기 상대적으로 용이한 브랜드 노출형 권리 위주로만 시각 자료를 제공하는 것이기는 하지만 제안 대상인 후원사의 로고를 덧입히지 않더라도 친절한 설명을 위해 시각적 자료를 추가로 제공하는 것은 후원사의 기억력 제고에 도움이 된다.

한편, 제공되는 후원 권리가 원천 권리 소유자가 보유한 전체 권리에서 어느 정도를 차지하는지를 알려주는 것도 후원사에게서는 매우 중요한데, 예를 들어, 경기장 내 고정형 광고 보드 2구좌를 후원 권리로 제공하는 경우 전체 몇 구좌 중에 두 개 구좌를 제공하는 것인지를 알아야 후원사 입장에서 자신의 브랜드가 어느 정도 노출되는지를 추리해 볼 수 있다. 이러한 전체적 관점에서의 접근이 없이 제안된 후원 권리를 구매한 후원사는 나중에 실제 후원이 진행되면서 예상보다 적은 노출로 인해 만족감이 떨어질 수 있기 때문에, 해당 내용에 대해 미리 고지해 주는 것이 계약 당사자 간에 있어서 오해의 소지를 줄일 수 있다. LED 광고 보드 같은 경우도 운영 방식에 대해 스폰서에게 미리 안내를 해 주는 것이 좋은데, 경기 중 LED 광고 보드 내 총 2분 동안 후원사 로고를 노출하는 후원 권리를 제공할 경우, 2분이 어떻게 나뉘며(예: 회당 15초), 경기 중에 어떠한 순서로 노출되는지(예: 랜덤) 등에 대해서 미리 설명할 필요가 있다.

다음으로 소개할 '후원 권리 사항의 가치'는 데이터 수집의 어려움으로 제공이 가능한 경우도 있고, 불가능한 경우도 있는데, 규모가 큰 팀이나 스폰서십의 경우 제안을 하는 원천 권리 소유자 측에서 닐슨 등의 시장 조사 기관에게 그 팀의 각각의 후원 권리에 대한 가치 측정을 의뢰하여 해당 정보를 가지고 있는 경우가 있는 반면, 대다수의 팀이나 스폰서십은 이러한 정보를 가지고 있지 않은 경우가 많아 실질적으로 기대하기 어려운 부분이기는 하다. 하지만 최소한 경기 방송 중계 중에 후원사 로고가 노출되는 것에 대한 미디어 밸류 정도는 확보하여 제시하는 것이 후원사의 후원 담당자가 내부적으로 후원의 당위성에 대해 어필할 수 있는 힘을 실어주게 된다.

끝으로 후원의 비용과 기간을 표기하여 원천 권리 소유자 입장에서 기대하는 대략적 후원의 규모를 암시한다.

전문가로서 에이전시의 의견

이번에는 저자가 제안서에서 지금까지 한 번도 보지 못했던 내용이지만, 있었으면 좋았을 것 같은 내용에 대해 다뤄보고자 한다. 이것은 바로 제안하는 스폰서십에 대한 전문가로서 스포츠 마케팅 에이전시의 의견이다.

앞에서도 몇 차례 언급하였지만 기업의 후원 담당자들은 전문 스포츠 마케터가 아닌 경우가 많아서 제안을 받았다고 하더라도 그 스폰서십이 기업에 정말 도움이 되는 스폰서십인지, 후원 권리는 적절하게 구성된 것인지, 비용은 적합한지, 추후 활용은 어떻게 해야 하는지 등에 대해서 확신을 가지지 못하는 경우가 많기 때문에 객관적인 입장에서 스포츠 마케팅 에이전시의 의견은 스폰서에게 많은 도움이 된다. 따라서 전문가로서 스폰서십에 대한 의견을 제시함으로써 스포츠 마케팅 에이전시는 후원 기업의 스포츠 마케팅에 대한 전략적 파트너로서 자리매김 할 수 있는데, 스폰서십 제안에 대한 에이전시의 의견은 포트폴리오 전략, 구매 전략 그리고 활용 전략 이렇게 크게 세 가지 정도로 나누어 제시해 볼 수 있다.

- 포트폴리오 전략
- 구매 전략
- 활용 전략

포트폴리오 전략은 기업의 전반적인 마케팅 커뮤니케이션 활동에 있어 다른 마케팅 활동과 스포츠 마케팅이 어떻게 시너지를 낼 지에 대한 방향을 수립하는 것을 말한다. 예를 들어, 기업의 제품 광고나 서비스 광고 등은 그

스포츠 마케팅, 광고주에게 팔리는 제안서

제품과 서비스의 출시 시점에 집중하여 진행하는데, 일정 시점이 지나고 나면 그 광고를 지속적으로 유지하기 힘들다. 앞에서도 잠깐 다루었지만 스포츠 마케팅을 평가하는 중요한 지표 중의 하나는 지속성인데, 제품이나 서비스 광고를 집행하지 않을 때에도 해당 브랜드가 대중에게서 잊히지 않기 위해서 기업은 스포츠 스폰서십을 진행하기도 하며, 경기 중계를 통해 시즌 내내 노출이 가능한 경기장 광고 보드 후원 등이 이러한 스폰서십에 속한다.

구매 전략은 스폰서십 판매를 대행하는 스포츠 에이전시의 역할이라 기보다는 후원사를 대신하여 스폰서십 구매를 대행하는 에이전시 입장에서 필요한 전략에 좀 더 가깝지만, 스폰서십 판매 대행 수수료뿐만 아니라 리테이너 계약을 통한 스폰서십의 운영까지 생각하고 있는 판매 대행사라면 스폰서를 위해서 함께 고민해보고 의견을 제시해 볼 수 있는 내용으로 스폰서의 니즈(필요)에 맞는 스폰서십을 찾고, 스폰서십 내용을 구성하는 데 필요한 전략을 말한다.

활용 전략은 말 그대로 스폰서십을 구매하였을 때 후원 목적을 달성하

전문가로서 에이전시의 의견

구분	상세
내용 구성	• **포트폴리오 전략** – 스포츠 마케팅이 스폰서의 다양한 마케팅 커뮤니케이션 활동과 어떻게 시너지를 낼 수 있을지 제안 • **구매 전략** – 광고주의 마케팅 목적에 대한 이해를 바탕으로 어떤 종목, 어떤 팀, 어떤 패키지 구성으로 하면 좋을지 제안 • **활용 전략** – 후원 목적 달성을 위해 구매한 패키지를 어떻게 활용할지에 대한 로드맵 구성
주의 사항	• 에이전시는 후원 권리 매매에 대한 '중개 수수료'도 중요하지만, '리테이너 계약'을 통한 지속적인 수익 창출도 중요하므로 전문가로서 의견 제시를 통한 전략적 파트너임을 강조

기 위해 어떻게 활용해야 하는지에 대한 전략이다. 디테일한 세부 전략은 운영 대행 계약을 체결한 후 수립한다고 하더라도 전반적인 활용 방향에 대한 로드맵이라도 의견을 제시한다면 해당 후원에 대한 매력을 조금 더 끌어올리는 동시에 후원사로 하여금 스폰서십을 구매하는 당위성을 제공하게 된다. 예를 들어, 후원 권리를 활용함에 있어 후원 첫 해에는 시장 내 임팩트를 주기 위한 TV 광고 진행 및 노출을 늘리기 위한 스폰서가 운영하는 매장 내 광고물 비치에 주력한다면 두 번째 해부터는 소비자와 소통을 통한 친숙도를 높이기 위해 소비자 체험형 이벤트를 진행하는 등의 로드맵을 제시해 볼 수 있다.

스포츠 마케팅, 광고주에게 팔리는 제안서

광고주의 마케팅 예산을 파악한다
광고주의 현재 스포츠 마케팅 포트폴리오와 향후 전략 방향을 이해한다
주기적으로 스포츠 마케팅 트렌드를 공유하면서 광고주의 동향을 파악한다

04

에너지 낭비를 줄이는
제안의 요령

앞에서 제안서를 작성하는 방법에 대해서 알아보았다면 이번에는 스폰서십 세일즈맨이 후원 기업에 제안을 하기 위해 접근하는 방법에 대한 이야기를 다뤄보고자 한다.

스폰서십 세일즈맨은 제안서를 잘 작성하는 것도 중요하지만 더욱 중요한 것은 후원사 담당자와의 주기적인 교류를 통해 후원사에게 적합한 프로퍼티를 찾고 적절한 타이밍에 제안을 하는 것이다. 하지만 대부분의 스폰서십 세일즈맨은 새롭게 판매할 후원 권리가 생길 때만 후원사에게 해당 프로퍼티에 대한 관심이 있는지 확인하는 선에서 연락을 하는 것이 현실이다. 물론, 아무 때나 서로 안부를 묻기 위해 만나는 것도 서로에게 비효율적이긴 하지만 새롭게 판매할 프로퍼티가 생길 때마다 후원사의 상황과는 상관없이 후원사에게 검토를 요청하는 것도 후원사 입장에서 그렇게 달가운 일만은 아니다. 왜냐하면 기업의 후원 담당자는 스폰서십 세일즈맨과의 관계를 고려하여 후원사 입장에서는 필요하지도 않은 스폰서십에 대해서도 시간과 노력을 들여 검토하고 피드백을 주어야 하기 때문이며, 이러한 관계가 장기적으로 이어지면 상호간에 아쉬움과 미안함만 쌓이게 된다.

그렇다면 어떻게 후원사에게 적합한 스폰서십을 찾아 적절한 타이밍에 제안을 할 수 있으며, 기업의 후원 담당자와는 어떠한 방식으로 커뮤니케이션을 해야 할까? 상호간에 에너지 낭비를 최소화하는 실질적인 제안 요령에 대해 알아보자.

에너지 낭비를 줄이는 실질적인 제안 요령

1. 광고주의 마케팅 예산을 파악한다.

- 광고비 예산 중 스포츠 마케팅이 차지하는 비중까지도 확인할 수 있으면 확인한다.
- 직접 물어볼 수 있는 상황이면 물어보고, 아니면 매출로 추정해본다.

2. 광고주의 현재 스포츠 마케팅 포트폴리오와 향후 전략 방향을 이해한다.

- 개별 후원 종목의 금액과 만료 시점 확인을 통해 광고주의 예산 가용 시점과 금액을 파악한다.
- 현재 스포츠 마케팅을 활용하는 목적과 향후 마케팅 전략 파악으로 적합한 제안 아이템을 찾는다.

3. 주기적으로 스포츠 마케팅 트렌드를 공유하면서 광고주의 동향을 파악한다.

- 주기적인 스포츠 마케팅 트렌드 리포트 발행 및 세미나 개최 등으로 광고주와 대면할 수 있는 기회를 많이 만들고, 본인들의 전문성을 어필할 수 있는 기회를 얻는 동시에 파트너사 동향을 파악한다.

광고주의 마케팅 예산을 파악한다

후원사에게 적합한 스폰서십을 찾는데 필수적인 사항은 먼저 그 후원사의 마케팅 예산을 파악하는 것이다. 간혹 후원 기업에서 톱 매니지먼트의 강력한 의지로 추가 예산을 편성하여 스포츠 스폰서십을 체결하는 경우가 있기는 하지만 그러한 경우는 몇 년에 한 번 일어날 만큼 흔하지 않은 일이다. 따라서 기업의 마케팅 커뮤니케이션 담당자들은 대체로 정해진 예산 안에서 ATL과 BTL 광고 모두를 추진하고자 노력하기 때문에 스폰서십 세일즈맨으로서 기업의 마케팅 예산을 파악하는 것은 후원사의 스폰서십 지불 능력을 파악하는 아주 중요한 일이다. 1,000만원 밖에 예산이 없는 후원사에 가서 1억원짜리 프로퍼티를 구매하라고 하는 일은 터무니없는 제안이며, 1,000만원짜리 프로퍼티를 구매하라고 하는 것도 후원 기업이 다른 마케팅 활동을 할 수 있는 예산을 남겨놓을 수 없기 때문에 받아들이기 어려운 제안이 된다.

기업의 마케팅 예산을 확인함에 있어서 광고비에 대한 전체적인 규모 이외에도 스포츠 마케팅에 예산을 투입하는 규모가 어느 정도인지까지 함께 알 수 있으면 금상첨화인데, 총 광고비 중 스포츠 마케팅 예산이 차지하는 비중을 통해 그 기업에서 현재 스포츠 마케팅이 차지하는 중요도를 알 수 있기 때문이며 또한 이것을 향후 스폰서십을 제안하기 위한 기준 금액으로 삼을 수 있기 때문이다.

하지만 후원 기업에서 당장 스포츠 마케팅에 대한 니즈가 있지 않거나, 아직 기업의 후원 담당자와 스폰서십 세일즈맨과의 신뢰 관계가 형성되지 않은 상황에서는 기업의 후원 담당자가 가용 예산을 에이전시와 공유하는

스포츠 마케팅, 광고주에게 팔리는 제안서

매출로 광고비 추리 시 주의 사항의 예

경우는 드물다. 이런 경우에는 앞에서 살펴본 바와 같이 해당 기업의 공개된 매출 자료 등을 통해서 기업의 광고비 예산을 추리해 본다. 하지만 매출을 통한 광고비의 추리에서 한 가지 주의할 사항은 해당 기업이 국내뿐만 아니라 해외에서도 사업을 영위하는 경우 해외 종속 회사에서 발생한 매출도 연결 매출액에 포함되기 때문에 이 금액을 바탕으로 산정한 마케팅 예산에도 해외 종속 회사에서 사용하는 금액이 섞여 있을 수 있어 국내에서 스폰서십 진행을 위한 가용 예산이 추리한 금액 대비 적을 수도 있다는 것이다.

광고주의 현재 스포츠 마케팅 포트폴리오와
향후 전략 방향을 이해한다

광고주가 현재 스포츠 마케팅을 기업의 마케팅 커뮤니케이션 수단으로 활용하고 있는 기업이라면 그 기업의 현재 후원 사항에 대해 구체적으로 파악해 봄으로써 제안의 적절한 타이밍, 제안 가능한 후원의 규모 등의 많은 기회 요소들을 발견할 수 있다.

스폰서십 세일즈맨이 후원사에서 현재 후원하고 있는 스폰서십의 종료 시점과 연장 계획 등을 파악하면, 해당 기업의 스포츠 마케팅 자금이 언제쯤 풀리는지를 예상할 수 있어 제안의 적절한 타이밍을 잡을 수 있고, 그 각각의 후원에 대한 현재 후원 금액을 확인하면 후원 종료 시 재투자가 가능한 금액을 파악할 수 있다. 물론, 국내 이외에 해외에서도 사업을 영위하는 글로벌 기업의 경우는 아이템별로 스폰서십을 운영하는 주체가 다를 수 있기 때문에 현재 스폰서십 세일즈맨이 상대하고 있는 담당 부서에서 운영하고 있는 사항들이 무엇인지 정확하게 파악하는 것이 중요하다. 예를 들어, 글로벌 기업 A의 경우 파트너십을 진행하는 목적에 따라 그 운영 주체가 다를 수 있는데, 글로벌 인지도 제고를 위한 월드컵 대회 후원의 경우 A의 본사에서 추진하고 운영하는 반면, 특정 국가 내 인지도 및 친숙도 제고 및 호스피탈리티 활용을 위한 해당 국가 내 특정 팀 후원은 A사의 해당 지역 법인이나 지사에서 운영하는 경우가 많다.

한편, 해당 기업이 현재 스포츠 마케팅을 하고 있는 활용 목적과 향후 마케팅 전략을 파악하면 스폰서십을 제안함에 있어서 그 기준에 맞는 아이템을 선정하여 제안할 수 있기 때문에 현재 기업의 스포츠 마케팅 활용 목적에 대해 명확하게 이해하는 것이 중요하다. 또한 기업의 경영 환경이 시시각각으로 변하듯이 스폰서십의 니즈 및 마케팅 전략 방향도 변하므로 이러한 내용을 후원사의 담당자와 주기적으로 확인하는 것이 필요하다.

주기적으로 스포츠 마케팅 트렌드를 공유하면서 광고주의 동향을 파악한다

그렇다면 이런 사항을 파악하기 위한 후원사 접촉은 어떤 방식으로 해야 할까? 아무 때나 그냥 만나는 것도 부담스럽고, 제안할 건이 있을 때도 아무 때나 제안은 하지 말라니 손발 다 묶어 놓고 어떻게 네트워크를 형성하라는 말인가?

저자는 기업의 마케팅 커뮤니케이션 담당자로서 스포츠 마케팅 에이전시 이외에도 종합광고대행사, 방송 매체, 광고 대행 부티크 그리고 콘텐츠 제작사 등 다양한 파트너사와 업무를 진행하고 있다. 이중에서도 방송 매체 및 종합광고대행사의 활동은 스포츠 마케팅 업계에서도 참고할 만한 좋은 사례로 여기에서 소개하고자 한다.

최근에는 코로나 팬데믹으로 잠시 주춤하기는 했지만 JTBC, tvN 등의 방송 매체는 통상적으로 1년에 한 번 연간 매체 설명회를 개최하며, 매월 광고 판매 가이드를 배포하는데, 여기에는 업계 최근 소식, 방영 예정인 프로그램 정보, 광고 집행 사례, 그리고 방송 광고 판매 기획안이 담겨 있다. 한편, HS Ad, 오리콤, TBWA 등의 종합광고대행사의 경우는 매거진의 형태로 매월 또는 분기마다 트렌드 리포트를 발행하는데, 여기에는 최근 소비자 트렌드를 분석, 광고 업계 동향, 광고 집행 사례 등이 담겨 있다.

광고주는 이러한 리포트를 정기적으로 받거나 세미나에 참여하면서 해당 분야에 대한 안목을 높이는 동시에 이러한 서비스를 제공하는 파트너사의 업무 전문성에 대한 신뢰가 높아지는데, 저자는 아직까지는 스포츠 마케팅 에이전시로부터 이런 정기적인 리포트를 받아 본 적은 없다. 이미 그런

JTBC, CJ ENM 광고 판매 가이드북 예시

출처: JTBC, CJ ENM

리포트가 있는데 저자만 못 받아 보는 것일 수도 있으나 국내뿐만 아니라 해외 유수의 스포츠 마케팅 에이전시와 일하면서 아직까지 그런 리포트를 받지 못했다는 것은 스포츠 마케팅 분야에서 정기적인 리포트를 발행하는 문화가 아직 많이 정착하지 않았기 때문이라 짐작해본다. 앞에서 비교한 다른 업종 대비 조직의 규모가 작은 경우가 많고 데스크에서 분석하는 일보다 상대적으로 현장에서 업무를 해야 하는 시간이 많은 스포츠 마케팅 직군 특성상 세미나나 리포트의 준비가 쉽지 않을 수 있으나 업계 동향이나 마케팅 사례 등의 간단한 리포트부터 시작해서 후원사의 담당자와 접촉의 기회를 늘려간다면 후원사와 스포츠 마케팅 에이전시 모두 원원하는 관계를 구축할 수 있을 것이다.

■ 파트너십 매니저는 누구이며, 무엇을 하는가?

05

부록

파트너십 매니저는 누구이며, 무엇을 하는가?

서두에 저자를 파트너십 매니저로 소개했는데, 기업의 후원 담당자인 저자를 스폰서 또는 스폰서십 매니저가 아닌 파트너십 매니저로 소개한 이유는 무엇일까? 여기서는 파트너십 매니저는 누구이며, 무엇을 하는 사람인지에 대해 알아보자. 우선, 파트너십의 개념부터 살펴 보면, 사전적 의미로 파트너십(Partnership)은 우리말로 '동반자의 관계'를 뜻하는데, 이는 후원 기업이 원천 권리 소유자에게 단순한 재정적 지원을 하는 것을 넘어서 동반자로서 공동의 목표를 이루기 위해 함께 노력해 간다는 의미가 담겨있다. 따라서 스폰서십을 파트너십이라고 부르는 경우가 많다.

파트너십 매니저는 원천 권리 소유자와 후원사가 맺은 스폰서십 계약의 이행에 대해 파트너십 기간 내내 협의하는 주체이며, 따라서 입장에 따라 원천 권리 소유자 입장에서의 파트너십 매니저와 스폰서 입장에서의 파트너십 매니저 두 가지가 있다.

원천 권리 소유자의 파트너십 매니저는 세일즈 매니저와는 대비되는 개념으로 세일즈 매니저가 잠재 후원사를 대상으로 스폰서십의 판매에 집중한다면 파트너십 매니저는 판매가 성사된 스폰서십 권리 사항의 이행을 담

입장에 따른 파트너십 매니저 역할의 차이

스포츠 마케팅, 광고주에게 팔리는 제안서

당한다. 물론, 파트너십 매니저도 현재 담당하고 있는 후원 계약의 연장을 위해서 기존 후원사의 계약 종료 시점에 세일즈 매니저의 역할을 수행하기는 하지만 스폰서십 권리 사항의 운영이 원천 권리 소유자 측 파트너십 매니저의 주된 역할이라고 볼 수 있다. 원천 권리 소유자의 파트너십 매니저는 담당하고 있는 후원사의 후원 권리 사항에 대해 충분히 숙지한 후, 후원 권리 사항의 활용이 제대로 이루어지도록 후원사 측의 파트너십 매니저를 돕는 역할을 수행하며 사용하지 않고 남는 권리 사항이 발생하지 않도록 지속적으로 모니터링 한다. 또한 본인이 속한 단체의 최신 소식 등에 대해 후원사 측의 파트너십 매니저에게 공유하여 후원사 측에서 미리 대응할 수 있도록 지원하며, 후원사의 후원 권리 Activation 관련 요청 사항을 원천 권리 소유 측의 내부 인원들과 협의하여 후원사의 실행을 지원한다.

후원사 측의 파트너십 매니저는 원천 권리 소유자 측의 파트너십 매니저와는 다르게 파트너십의 구매부터 운영까지 모두 맡아서 진행하는 경우가 많은데, 파트너십의 구매와 운영이 별도로 분리되어 있지 않은 이유는 파트너십 구매 단계에서 계약 사항에 포함되는 후원 권리를 구성하는 것부터가 파트너십의 활용과 직접적으로 연관되어 있기 때문이다. 사실, 후원사의 파트너십 매니저 입장에서는 스폰서십 계약을 잘 체결하는 것이 가장 중요한 역할이라고 해도 과언이 아닌데, 계약서의 조항을 협의해 나가는 과정이 후원사의 스폰서십 운영에 대한 큰 그림을 하나하나의 세부 권리 사항으로 풀어내는 것과 같기 때문이다. 더구나, 한 번 작성된 계약서는 계약 기간 동안에는 변경이 거의 불가능할 뿐만 아니라 이후의 연장 계약에 있어서도 계속 영향을 미치기 때문에 이 단계에서 후원사 측 파트너십 매니저의 섬세하면서도 집요한 접근이 요구된다. 후원사의 파트너십 매니저도 원천 권리 소유자의 파트너십 매니저와 마찬가지로 후원사가 구매해 놓은 권리 사항의 이행이 누락되지 않도록 지속적으로 모니터링하며, 후원 권리를 최대한 다양하고 효과적으로 사용하기 위해 후원사 내 다양한 유관 부서와 협의한다. 한편, 후원사가 원천 권리 소유자의 지적 재산권을 활용하여 마케팅 활동을 진행하는 경우, 이것이 원천 권리 소유자가 내부적으로 가지고 있는 다른 계약과 충돌이 있는지, 원천 권리자의 자체 가이드라인에 저촉되는 부분이 없는지 반드시 원천 권리 소유자와 사전에 확인하도록 후원 계약에 명시하고 있는데, 후원 권리의 Activation에 대한 구체 사항을 준비하여 원천 권리 소유자의 승인을 받아 내는 것도 후원사 측 파트너십 매니저의 중요한 역할이라고 할 수 있다. 같은 Activation이라고 하더라도 어떻게 풀어내는 지에 따라 원천 권리 소유자가 사용 승인을 할 수도 있고 사용 거절을 할 수도 있기 때문에 계약 사항의 명확한 이해, 원천 권리 소유자의 지침 사항 등을 명확하게 인지하고 후원사의 필요에 맞게 후원 권리를 사용할 수 있도록 협의하는 파트너십 매니저의 역할은 매우 중요하다.

파트너십 담당자간 업무 흐름을 살펴보면, 원천 권리 소유자의 파트너십 매니저는 후원사의 파트너십 매니저로부터 각종 요청 사항을 받아 팀의 선수 담당, 운영 담당, 마케팅 담당 및 홍보 담당과 확인을 거쳐 후원사의 파트너십 매니저에게 피드백을 주는 역할을 하며, 후원사의 마케팅 활동을 위해 구단의 정보를 수시로 공유하는 역할을 한다. 한편, 후원사의 파트너십 매니저는 회사의 영업, 마케팅 및 홍보 담당자들과 업무 협의를 통해 후원 권리를 어떻게 활용할지에 기획하고 원천 권리 소유자의 협조를 받아 실행하는 업무를 주로 한다.

글을 마무리하며…

이 책에서 제시하는 제안서의 구성은 어떻게 보면 스폰서십 판매를 대행하는 에이전시 입장이 아니라 후원사를 위해서 프로퍼티를 찾고, 협상하고, 운영을 대행하는 스폰서십 구매를 대행하는 에이전시 입장에서 해야 하는 업무에 대해 좀 더 구체적으로 풀어낸 것인지도 모르겠다.

하지만 저자는 두 가지 이유에서 원천 권리 소유자 측 세일즈맨과 프로퍼티 판매를 대행하는 스포츠 마케팅 에이전시도 이러한 접근을 해야 한다고 생각하는데, 첫 번째는 국내에서 후원사가 먼저 나서서 스포츠 마케팅을 하는 경우가 적다는 것이고, 두 번째는 아직 우리 나라에서 스포츠 스폰서십을 찾는 의뢰에 대해 비용을 지불해야 한다고 생각하는 문화가 덜 정착되어 있기 때문이다.

대부분의 기업은 스포츠 마케팅 이외에도 TV광고, 라디오 광고, 디지털 광고, 옥외 광고, 소셜 미디어 운영 등 다양한 마케팅 커뮤니케이션 활동을 하고 있는데, 이러한 커뮤니케이션 활동은 대체로 기업의 제품과 서비스 판매에 직접적으로 영향을 미칠 수 있는 내용인 경우가 많다. 반면, 스포츠 마케팅은 스포츠 관련 회사가 아닌 이상 제품과 서비스의 판매에 직접적으로 연결되지 않는 경우가 많다. 따라서 기업의 마케팅 담당자는 스포츠 스폰서십을 통한 마케팅 활동이 후순위가 되기 마련이고, 같은 이유로 기업의 마케팅 팀에는 스포츠 마케팅 전공자보다는 광고/홍보를 전공하거나 경영학을 전공한 경우가 많다.

한편, 우리나라의 기업들은 대행사의 기획 업무 수행 부분을 '기획된 내용의 실행으로 인한 매출을 창출시키기 위한 서비스'로 인식하는 경우가 여전히 많아서 기업의 대다수가 스폰서십을 찾기 위한 대행에 대해 비용 지불을 꺼린다는 점이다. 저자가 해외와 국내 업무를 모두 진행하면서 느낀 점은 대행 업무 전체 비용에 대한 비중에 있어서 해외, 특히 서양의 경우 기획 업무의 비중이 높은 반면, 국내의 경우는 그 비중이 낮거나 없는 경우가 많다는 것이다. 과거에 비해서는 국내에도 선진 문화가 어느 정도 뿌리를 내려가고 있으나 국내 스포츠 시장의 많은 부분이 기업의 스폰서십에 의해서 이루어지고 있기 때문에 그 문화가 하루 아침에 바뀌는 것은 쉽지 않아 보인다.

따라서 스폰서십 판매를 하는 원천 권리 소유자 측의 세일즈맨과 프로퍼티 판매를 대행하는 스포츠 마케팅 에이전시도 이 책에서 제시하는 제안서의 접근 방식에 대해 고민해보고 좀 더 많은 세일즈를 만들어 내기를 기대해 본다.

참고문헌

1. P.6 마케팅 믹스(Marketing Mix)란?

  http://openads.co.kr/content/contentDetail?contsId=3237

  https://linecard.tistory.com/152

2. P.9 SWOT(스왓) 분석이란?

  https://ko.dict.naver.com/#/entry/koko/e1daa95e693a4b619e91316f7ccb
  902d

3. P.9 STP(에스티피) 전략이란?

  https://terms.naver.com/entry.naver?docId=3349998&cid=40942&catego
  ryId=31915

4. P.10 IMC(아이엠씨)란?

  http://www.fntoday.co.kr/news/articleView.html?idxno=140042

  https://blog.naver.com/drifter75/222219349877

5. P.13 넥센히어로즈 통한 넥센타이어 인지도 제고

  http://www.businesspost.co.kr/BP?command=article_view&num=101945

6. P.18 오뚜기 맨체스터 유나이티드 후원

  https://blog.naver.com/dream34353/220067006672

7. P.25 소비자(Consumer)와 고객(Customer)의 차이

  https://www.feedough.com/customer−vs−consumer−difference/

8. P.32 Media Value(미디어 밸류)란?

  https://nielsensports.com/media−valuation/

  https://www.stnsports.co.kr/news/articleView.html?idxno=53419

  https://www.nielsen.com/kr/ko/insights/article/2016/2016−nielsen_sports/

9. P.36 산업군 별로 확인해 본 기업의 매출액 대비 광고비 비중
  (Deloitte CMO Survey 2018 Spring)

  https://cmosurvey.org/results/february−2018/

10. P.41 K리그1 주최사 및 주관사

https://www.kleague.com/about/competition.do

11. P.42 KLPGA 대회 주최사 및 주관사

https://post.naver.com/viewer/postView.nhn?volumeNo=31144897&me mberNo=17072925&vType=VERTICAL

12. P.42 더페스타 K리그 올스타 대 유벤투스 이벤트 주최

https://www.chosun.com/site/data/html_dir/2019/08/08/2019080801159 .html

13. P.54 Turn−key(턴키) 계약이란?

https://ko.dict.naver.com/#/entry/koko/ee0096d190094b49a8e16424e0a 44ff3

https://terms.naver.com/entry.naver?docId=300396&cid=43665&catego ryId=43665

14. P.54 직무 순환(Job Rotation)이란?

https://en.dict.naver.com/#/entry/enko/520166519d63440aba6d0c852cf 8b1f9

https://terms.naver.com/entry.naver?docId=76960&cid=42155&categor yId=42155

15. P.59 데스크 리서치(Desk Research)란?

https://story.pxd.co.kr/1080

16. P.63 KPI(케이피아이)란?

https://terms.naver.com/entry.naver?docId=300442&cid=43665&catego ryId=43665

17. P.72 블루오션(Blue Ocean)이란?

https://terms.naver.com/entry.naver?docId=1234536&cid=40942&categ oryId=31909

https://terms.naver.com/entry.naver?docId=2063766&cid=42107&categ oryId=42107

참고문헌

18. P.74 NDA(엔디에이)란?

https://ko.wikipedia.org/wiki/NDA

19. P.78 뷰어십(Viewership)이란?

https://en.dict.naver.com/#/entry/enko/7ab653d14905463ca59ecc2060c
8baa2

20. P.81 국내 인기 스포츠 (스폰서링크)

https://www.nielsen.com/kr/ko/press−releases/2017/press−release−2
0170706/

21. P.91 데이터와 정보의 차이

https://terms.naver.com/entry.naver?docId=3431071&cid=58430&categ
oryId=58430

22. P.93 국내 스포츠 후보 종목 상세 분석 예시

https://www.yna.co.kr/view/AKR20201007075200017

(LCK '19년 대비 '20년 동시 시청자 수 증가)

23. P.95 톱 매니지먼트(Top Management)란?

https://terms.naver.com/entry.naver?docId=1153296&cid=40942&categ
oryId=31909

24. P.96 Bottom−up(바텀업)이란?

https://en.dict.naver.com/#/entry/enko/0413f1bdce0543b8a30ee31b2fe
27c20

25. P.97 LCK 중계 채널 (2021 LoL 챔피언스 코리아 서머)

https://search.naver.com/search.naver?where=nexearch&sm=top_hty&
fbm=0&ie=utf8&query=LCK+%EC%A4%91%EA%B3%84

26. P.99 문제은행(Item Pool)이란?

https://ko.dict.naver.com/#/entry/koko/57385e3a6f1d47248b51d3e6d78
1d085

27. P.101 금호타이어 토트넘 홋스퍼 후원

https://blog.naver.com/klsmtj/221403341901

28. P.101 AIA 토트넘 후원 효과

https://news.einfomax.co.kr/news/articleView.html?idxno=183314

29. P.102 맨시티와 넥센타이어의 브랜드 유사성

https://www.nexentire.com/kr/media/hello/index,1,list01,3.php

(Vol. 69 - 2017년 가을호)

30. P.121 JTBC 판매가이드

https://www.jtbcmediacomm.co.kr/#guide_area

31. P.121 CJ ENM 미디어 바잉 가이드

https://www.cjem.net/business/mediaSolution.mediabuyingguide

지은이

노창기

대기업에서 국내 및 해외를 대상으로 10년 이상 마케팅 업무를 담당하고 있는 현직 마케터다. 2017년 영국 축구팀 맨시티와 국내 기업 넥센타이어의 프리미어리그 최초의 슬리브 스폰서십 계약 체결을 주도했다. 공대 나온 마케터로서 스포츠 마케팅 이외에도 디지털 마케팅, 매체 광고, 해외 홍보 등 다양한 마케팅 업무 경험을 바탕으로 실무에 사용하는 마케팅, 비전공자도 쉽게 이해할 수 있는 마케팅을 알리기 위해 노력하고 있다. 포항공대 산업경영공학과를 졸업하고, 2015년까지 LG전자에서 근무했다.

https://www.instagram.com/changki.noh/

https://www.linkedin.com/in/changkinoh/

스포츠 마케팅, 광고주에게 팔리는 제안서

초판발행	2022년 1월 3일
중판발행	2024년 6월 25일
지은이	노창기
펴낸이	안종만 · 안상준
편 집	배근하
기획/마케팅	정연환
표지디자인	이영경
제 작	고철민 · 조영환
펴낸곳	(주) **박영사**
	서울특별시 금천구 가산디지털2로 53, 210호(가산동, 한라시그마밸리)
	등록 1959. 3. 11. 제300-1959-1호(倫)
전 화	02)733-6771
f a x	02)736-4818
e-mail	pys@pybook.co.kr
homepage	www.pybook.co.kr
ISBN	979-11-303-1403-7 03320

정 가   11,200원